KB078663

한국가톨릭의 역사

차례
Contents

일러두기 · 이 책에서는 한국가톨릭 역사의 통시적인 조명을 위해 경우에 따라 조선, 대한제국 등의 시대적 구분 대신 '한국'으로 통칭하기도 하였다.

들어가며

역사는 만남과 갈등을 통해 새로운 전개와 국면(局面)을 창출한다. 한국의 가톨릭 역사도 다름이 없다. 그런데 '가톨릭교회'와 '한국(조선)'이라는, '종교'와 '정치'의 만남, 혹은 '가톨릭 그리스도교'와 '조선의 유교'라는 '새로운 종교'와 '기존의 종교적 가치'와의 만남은 그 어떤 역사의 예에서도 찾아보기 드문 충격적 대결이었고, 그 갈등은 극단적이었다. 그래서 세계 그리스도교 선교 수용의 역사 중에서 가장 대표적인 '피[血]의 역사'를 창출하였다. 그러나 결국은 한국과 아시아의 새로운 시대, 전혀 다른 가치를 형성하는 하나의 계기가 되었다. 갈등이 격렬할수록 새로운 전개는 대단히 혁명적일 수 있다.

이 책에서는 편년체적 서술보다는 주제별 접근을 중시하고자 한다. 즉 어느 정도 시대 순서는 감안하겠지만, 한국가톨릭 역사의 핵심이 되는 주제에 집중하여 그 역사를 더욱 쉽게 이해하는 데 중점을 둔다는 의미이다. 이에 '가톨릭 선교신학과 한국가톨릭 수용과정' '조선시대 당파와 실학, 그리고 서학 수용의 두 형태 황사영(黃嗣永)과 정하상(丁夏祥)' '한국가톨릭의 수난과 신교자유(信敎自由) 과정' '일제강점기 한국가톨릭사와 해방 이후의 변화'로 나누어서 기술하고자 한다.

가톨릭 선교신학과 한국가톨릭 수용과정

'예수회' 선교방식과 '반예수회' 선교방식

필자는 강의에서 그리스도교의 선교와 수용의 역사를 논할 때, 상징적으로 혹은 알기 쉬운 단순화에 따라 선교방식을 '예수회(Jesuit)식'이냐, '반(反)예수회식'이냐로 분류하여 설명하고는 한다.

A라는 선교사가 이방의 선교지(宣教地)에 도착하였다. 그는 우선 선교지의 언어, 문화, 전통을 습득하는 데 집중하고, 마침내 선교지의 사람들과 깊이 교유하고 공감대를 형성한다. 그리고 현지의 문화코드로 '복음'을 변증하고, 이를 가르

친다. 물론 그 과정에서 상당한 양해와 일종의 '타협'도 일어난다. '교회의 수립' 자체를 통한 복음의 확장도 목표하지만, 때로는 여러 형태로 그리스도교의 '문화'를 구현하는 공동체를 형성하는 것도 선교의 중요 양태로 설정한다. 이러한 활동 특성을 보이는 선교사 A는 그가 어떤 교파와 조직에 속하였든지 '예수회식 선교'를 실천하는 선교사로 보아야 한다. 그는 특히 선교지의 여러 가치와 상충하거나 갈등하기보다는, 원만한 관계를 수립하여 길게 현지에 머물며 활동하는 것이 대부분이다. 이들은 대개 그들이 설립하는 교회도 '토착교회(土着敎會)'를 지향하는 것이 보통이다.

B라는 선교사 역시 이방의 선교지에 도착하였다. 그는 거두절미하고 복음의 유일 진리성을 설파한다. 그에게 선교지의 모든 종교적·문화적 잔재는 우상, 미신, 타파의 대상에 지나지 않는다. 그는 현지의 문화를 알고 이해하기 전에 배격하며, 선교대상자에게 그것을 설득, 강요한다. 그에게는 진리 선포에 타협이란 있을 수 없는 일이며, 어떤 일이 있어도 자신이 가져온 '순수한 복음'이 그대로 구현되어야 한다고 믿는다. 그는 때로 필요에 의해 현지의 언어나 문화를 습득하지만, 그것은 결코 궁극적 과제가 아니며, 자신의 '그리스도교 복음 진리'를 구현하기 위한 전략적 가치에 지나지 않는다. 물론 그리스도교 문화나 문명적 힘을 보일 수 있는

여러 형태의 조직이나 공동체를 설립하기도 하지만, 그것은 어디까지나 '교회'를 설립하기 위한 수단의 단계에 지나지 않는다. 즉 자신이 가져온 신앙신조를 궁극적으로 보전할 수 있는 '선교교회(宣教敎會)'의 설립이 전제되지 않는다면, 앞서의 여러 그리스도교계 조직은 아무런 의미가 없는 것이다. 물론 그는 여차하면, 복음을 증거하다가 장렬히 순교할 각오까지 얼마든지 되어 있다. 순교야말로 선교사로서 최고의 영광임을 믿고 있다. 그에게는 복음 증거 사역이란 강도와 순도가 중요하지, 선교활동의 기간은 큰 의미가 없기도 하다. 이러한 활동특성을 보이는 선교사 B는 그가 어떤 교파와 조직에 속하였든지 '반예수회식 선교'를 실천하는 선교사로 보아야 한다. 그는 특히 선교지의 여러 가치와 상충을 일으키고 갈등할 때가 많으며, 첨예한 관계를 형성하기 십상이다. 이들은 대개 교회 설립에서도 선교사 파견국 교회의 이식된 형태나, 선교 본국과의 '브랜치' 관계가 있는, '선교교회'를 지향하는 것이 보통이다.

이렇게 예를 들어놓고 보면, 한국의 가톨릭 역사에서 좀 더 명료한 예증이 보인다. 한국가톨릭 선교와 수용은 '예수회' 해산 이후라는 시기적 전제도 있지만, 이른바 '예수회식' 선교 경험이 없다. 반면 한국의 자발적인 가톨릭 신앙공동체 형성이 보고된 후 로마 교황청에 의해 한국선교를 담당하게 된 선교단체는 '파리외방전교회'이다. 그런데 이 '파리외방전교회'야말로 당시 '반예수회식' 선교를 수행하는 가장 대표적인 가톨릭 선교단체였다. 이러한 사실로 보면, 중국이나 일본의 가톨릭 초기사와는 달리 '반예수회식' 선교신학과 선교방법을 구사했던 '파리외방전교회'가 선교를 담당한 한국에서 가톨릭 '피의 순교사'가 진행된 이유를 일면 설명할 수 있다. 물론 200여 년간의 '전례논쟁'이나 '예수회 해산'을 단순히 선교신학의 논쟁이나 선교방법의 갈등으로만 해석할 수 없듯이, 한국가톨릭 수난사를 '파리외방전교회'의 '반예수회식 선교방식'에서만 그 원인을 논할 수는 없다. 그러나 당시 '황사영백서'에 나타나는 강력한 '교황중심주의', 이른바 '울트라몬타니즘(ultramontanism)'의 발로를 보면, '반예수회식 선교'가 심각하게 천착되었음은 부인할 길이 없다.

그런데 한 가지 더 특기할 것은 결과론적 판단이 될지는 모르지만, 일반적으로 볼 때 선교과정의 마찰을 줄이고 더욱 자연스러운 선교성과가 창출될 수 있을 것 같은 '예수회적 선교방식'보다는 그 반대의 경우가 성과적 측면에서 더 유효했다는 예도 발견된다. 단적으로 한국가톨릭은 역사적으로 선교, 수용의 시기가 뒤처졌고 선교접촉도 강력한 갈등 유발 방식인 '반예수회식'이었음에도 불구하고, 동아시아 가톨릭 역사에서 가장 탁월한 성과를 드러낸 점을 사례로 들 수 있다. 물론 선교의 성과를 교회의 양적 확산에서만 찾을 수 있느냐 하는 문제는 별도로 검토해야 하며, 그것 또한 '과연 선교가 무엇인가'라는 질문을 더욱 전개시킬 필요성을 제기하는 배경이기도 함은 분명하다.(서정민, "무엇이 선교인가를 고민한 한국 장로교-프로테스탄트에서의 유사 '전례문제'", 「기독교사상」, 2012년 12월호 참조)

일본 '기리시단(가톨릭)'과 '예수회'

1500년대 유럽에서 종교개혁이 진행되는 과정에서 가톨릭 스스로도 개혁의 필요성을 깨달았다. 그래서 이른바 '가톨릭종교개혁'(일명 '반동종교개혁'이라고 부르는 counter reformation을 의미함)이 일어났다. 그 일환으로 1539년 설립된 가톨릭 선교단체가 '예수회(Jesuit)'이다. '예수회'가 이른바 그리스도교의 '제2차 선교시대'(필자는 바울 등에 의한 서진西進 선교시대를 제1차 선교시대로 보고, 16세기 이후의 서구 그리스도교의 동진東進 선교시대를 제2차 선교시대라고 부른다)의 개척자로 도처에서 얼마나 큰 선교성과를 거두었는지는 다 아는 사실이다. 그러나 이 초기 '예수회'는 많은 논쟁을 불러일으켰고, 이후 그리스도교 역사에 도대체 '선교'란 무엇인가를 고민하게 하는 여러 전례를 남겼다. 물론 '예수회'를 둘러싼 논쟁과 갈등은, 당대 로마 바티칸의 교황 권위에 일정 부분 도전적 입장을 보이는 '예수회'의 태도, 그 밖에도 프랑스, 스페인, 포르투갈 간의 여러 정치적 충돌이 그 근간에 깔려 있었다. 그러나 상징적으로 '예수회'의 선교신학과 선교방법에 대한 논란으로 집약되는 측면을 무시할 수 없다. '예수회'는 일본에서, 그리고 특히 중국에서 이른바 '적응주의(適應主義)'적인 선교에 과감하였다. 그리스도교의 선교라는 것은 결국 복음의 최후 메시지만 전달할 수 있으면 되는데, 그것이 어떤 역사와 문화의 전승을 덧입어도 크게 개의치 않는 입장이라고 할 수 있다. 그래서 '예수회' 선교사들은 선교지에 도착하면, 우선 그곳의 역사, 문화, 전통에 집중하여 그 안에 존재하는 보편적 가치에 깊은 이해와 경의를 표한다. 물론 그러한 과정을 통해 그리스도교의 복음을 해석, 변증해가며, 복음을 전파해나가는 것은 물론이다. 그러나 이러한 '예수회'의 선교신학과 선교방법은 다른 정치적 문제와 함께, 가톨릭의 또 다른 선교공동체의 신학이나 선교방식과 깊은 갈등을 조성할 수 있었던 것도 사실이다.(서정민, 앞의 글 참조)

일본에 최초로 도착한 가톨릭 선교사는 '예수회'의 창설자 중 한 사람인 사비에르(Francisco de Xavier: 1506~1552)이다. 그는 이미 1541년 인도 고아(Goa)에 도착, 8년 동안 활동

한 후 극동지역으로 진출했다. 1549년 8월 토레스(Cosme de Torres) 신부, 페르난데스(Joao Fernandez) 수사, 일본인 안지로(アンジロ) 등과 함께 가고시마(鹿兒島)에 도착했다. 극동지역에서는 최초의 가톨릭 정주(定住) 선교사이다. 그는 도착하자마자 선교에 착수했다. 이것이 일본의 가톨릭, 곧 '기리시단' 역사의 출발이다. 물론 초기부터 이른바 '예수회식 선교방법'이 완전히 확립된 것이라고 하기는 어렵지만, 사비에르를 중심으로 하는 '예수회' 선교사들은 선교 현지의 정치, 사회, 문화적 특성에 깊이 적응하며, 가톨릭을 확장시켜나간 것은 분명하다. 이러한 '예수회'의 일본선교는 비교적 순조롭게 진행되었고, 일본의 권력자들도 서구 문화의 접촉 루트로, 혹은 새로운 사상과 신념체계를 수용하는 입장에서 가톨릭에 대해 적극적인 태도를 보였다. 사비에르는 1년 정도의 가고시마 선교 후 당시 일본의 수도 교토(京都)로 진출하였고, 그를 뒤이어 여러 선교사들이 속속 일본에서의 활동을 전개했다. 이에 규슈(九州)와 간사이(關西) 지역을 중심으로 여러 '다이묘(大名)'들이 가톨릭으로 개종하여 이른바 '크리스천 다이묘'가 되었다. 사비에르 도착 후 수십 년도 채 지나지 않아 이미 일본에서 가톨릭은 하나의 유력한 종교세력으로서 그 영역을 형성하였다. 그런데 처음 가톨릭, 즉 '기리시단'을 '남만종(南蠻宗)' '천축종(天竺宗)'이라고 불러, 불교

의 일파로 인식했던 것을 보면, 초기 일본선교의 중심이었던 '예수회'는 이른바 '예수회식 선교방식', 곧 '적응주의 선교'를 수행했던 것을 확인할 수 있다.

임진왜란과 한국가톨릭 전래 가능성: 예수회 세스페데스 신부

그러나 정치외교적 이유에 기인하여 이미 1587년 6월 일본에서 '기리시단'에 대한 '힐문서(詰問書)'가 발표되었다. 이에 가톨릭을 '사교(邪敎)'로 규정하고, 사실상의 금교령이 내려졌다. 그런데 1592년 일어난 '임진왜란'에서 한국 공격의 선봉장으로 나선 이가 이른바 '크리스천 다이묘'인 고니시 유키나카(小西行長)였다. 단기전으로 계획했던 한국과의 전쟁이 교착상태에 빠져 고니시의 군대가 한국에 예상보다 장기적으로 주둔하는 일이 벌어졌다. 이에 고니시는 '기리시단 병사'들을 위해 종군신부(從軍神父)를 보내달라는 요청을 일본의 예수회 관구(管區)에 보냈다. 이에 응답하여 당시 예수회 일본관구의 부관구장이던 고메스(Pedro Gomez) 신부는 휘하의 스페인 출신 예수회 신부인 세스페데스(Gregorio de Cespedes)와 일본인 수사 한칸 레온(Hankan Leon)을 한국에 파송하였다. 1594년 초 세스페데스 일행이 한국에 도착하였다.

이 사실로만 보면, 한국 땅에 발을 디딘 첫 가톨릭 선교사는 세스페데스이고, 한국에도 예수회 소속 선교사가 활동한 역사가 있었다고도 말할 수 있다. 그러나 세스페데스는 어디까지나 한국 주둔 일본군대, 특히 '크리스천 다이묘'를 지휘자로 하는 '고니시 부대'의 종군신부라는 역할의 한계를 지니고 있었다. 다만 당시 일본군에 의해 포로 혹은 강제적 볼모로 잡혀 종래에는 일본에까지 끌려간 많은 수의 한국인이 있었는데, 그들 중에는 세스페데스 등의 영향으로 가톨릭으로 개종한 사람들이 있었다. 그들 중에는 이후 일본의 본격적인 가톨릭 박해기에 일본인 신자들과 함께 순교한 이들도 다수 있었음은 이미 널리 알려진 사실이다.

이러한 역사적 전거가 있었다고 해도, 결국 세스페데스의 한국 활동이나 일본으로 끌려간 한국인들의 일부가 가톨릭으로 개종하고 순교한 사실을 한국가톨릭 수용사의 출발로 보기에는 어려운 점이 있다. 즉 이것이 한국 내의 가톨릭 역사와 직접적으로 연결되지 못하고, 상당 기간의 단절 시대가 있었기 때문이다. 더구나 세스페데스의 한국 활동을 예수회의 한국선교 역사로 기록하기에는 더욱 큰 어려움이 있다. 그 이후 예수회의 한국선교 역사가 지속적으로 전개되지 못했고, 결국 200여 년 후 전혀 다른 선교단체가 한국선교를 담당하는 역사적 흐름으로 보아, 이는 일시적 접촉사(接觸史)

정도로 보아야 할 것이다.

예수회 선교사와 소현세자

1592년 일본과의 전쟁 이후 한국은 1636년 청나라의 침략을 받았다. 청은 한국과의 전쟁 이후 결국 중국을 통일하였고, 북경(北京)으로 천도했다. 그리고 한국에서 볼모로 잡아간 두 왕자, 즉 차기 왕이 될 왕세자인 소현세자(昭顯世子)와 그 아우 봉림대군(鳳林大君)을 북경으로 데려갔다. 소현세자는 북경에 머무는 동안 그곳에 주재하던 예수회 선교사 아담 샬(Adam Schall von Bell)과 친교를 맺었다. 중국에서의 선교활동에 큰 성과를 내었던 예수회의 마테오 리치(Matteo Ricci: 중국명 利瑪竇)에 이어 아담 샬과 베르비스트(F. Verbiest) 등은 역시 적응주의적 선교방식에 의거, 당시 새로운 청나라 왕조와도 깊은 협력관계에 있었다. 서구 문물에 관심이 많던 소현세자는 예수회 신부들과의 교분을 지속하며, 향후 한국에서의 가톨릭 수용까지 의도하였다. 심지어 자신의 귀국길에 예수회 선교사를 대동하고 싶다는 의사를 표하기까지 했다.

그러나 비교적 가톨릭에 관심이 많고, 예수회 신부들과 친분이 두터웠던 소현세자가 1644년 11월 귀국한 후 70여

예수회 선교사 마테오 리치.

일 만에 급서(急逝)하면서 예수회와 한국의 직접적인 연결 기회는 실패로 끝났다. 이는 예수회의 한국선교 접촉 중에서 앞서의 일본군 종군신부 세스페데스의 내한보다 더 직접적이고 강력한 기회였다. 그렇지만 결과적으로 예수회에 의한 한국가톨릭 선교의 가장 유력한 기회는 무산되고 말았다.

사신들을 통해 들어온 가톨릭서적과 한국의 학자들

한국의 가톨릭 수용이 실현될 몇 차례의 기회가 있기는 했지만, 여의치 않았다. 여전히 한국은 강력한 유교근본주의를 바탕에 둔 '종교국가'였고, 국제관계도 중국과의 소통, 일본과의 부정기적 교류 등을 제외하면, 철저한 쇄국 상황을 견지하고 있었다.

17세기 이후 정식 외교루트인 중국을 방문하는 한국 사신과 그 수행원들에 의해 '한역서학서(漢譯西學書)', 즉 한문으로 기록된 가톨릭서적들이 유입되기 시작했다. 한국에서 하나의 학문으로서 가톨릭을 '서학(西學)'으로 지칭하면서, 일찍이 중국에서 예수회 선교사들을 중심으로 저술된 '가톨릭 교리서적' '서구 문물에 대한 서적'을 '서학서'라고 불렀다. 반복해서 이르지만, 예수회 선교사들의 선교방식은 중국 혹은 동양의 문화와 전통을 그 기반에 두고, 그리스도교를 변증해나가는 방식이다. 그래서 이들의 선교신학은, 당시 중국문화의 한 기반이었던 '유교'를 근간에 놓고, 그 논리와 표징을 사용하여 그리스도교를 전개하는 형식이라고 할 수 있다. 이를, 유교를 더욱 보충하는 방식이라는 의미로 '보유론적(補儒論的)' 방식이라고 한다. 이는 나중의 서학서적을 통한 가톨릭(서학) 연구 역시 같은 '보유론적' 맥락으로 이해할 수 있다.

중국에서 간행된 최초의 한역서학서는 1584년 간행된 『천주성교실록(天主聖教實錄)』이었다. 『천주성교실록』은 1582년 마테오 리치와 함께 중국 내륙의 선교를 시작한 예수회 선교사 루지에리(Michele Ruggieri)의 저술이었는데, 『천주성교실록』에 이어 1603년 마테오 리치에 의해 그 유명한 『천주실의(天主實義)』가 간행되었다. 그 후 여러 예수회 선교사, 그들과 가톨릭과 서구 문물을 함께 연구한 중국인 학자들에 의해 400여 종의 서학서적이 출간되었다. 마침내 이러한 서학서적들이 한국으로부터 중국에 정기적 외교사절로 가는 사신과 그 일행의 손에 의해 유입되었다. 기록에 따르면, 1603년 중국 사신의 수행원인 이광정(李光庭)이 마테오 리치의 '세계지도'를 가지고 귀국했고 1632년 정두원(鄭斗源)이 과학기기들과 『치력연기(治曆緣起)』『천문략(天問略)』『원경설(遠鏡說)』『직방외기(職方外紀)』 등의 '한역서학서'를 가지고 귀국한 이래 1784년 북경에서 이승훈(李承薰)이 가톨릭 세례를 받기까지 152년간 167여 회에 걸쳐 사신들의 수행원들이 한국과 중국을 왕래하며 서구의 각종 과학기기와 '한역서학서'들을 가지고 귀국, 국내에 소개하였다. 이러한 서적들은 당시 한국 내, 유학의 한 학파로 형성되기 시작한 '실학파(實學派)'의 일부 학자들에게 탐독되었고, 깊이 연구되기 시작하였다.

최초로 본격적인 서학연구에 나선 인물은 실학파의 이익(李瀷)이었다. 실학파에 대해서는 추후에 보다 자세히 살필 기회가 있을 것이다. 그들은 조선 유교, 유학의 한 부류임에

최초로 서학연구를 시작한 실학자 이익.

는 분명하지만, 이론적 유학의 공론(空論)에 회의를 느끼고 실용적으로 여러 학문에 관심을 보이는 경향을 지닌 학파였다. 실학파를 시작한 대표적 인물의 한 사람인 이익에 의해 본격적인 '가톨릭학', 즉 서학연구가 시작된 것이다. 그 후에도 이익의 제자들이 주로 서학을 연구하였는데, 이익 이후의 서학연구가들은 다시 크게 두 가지 부류로 구분된다. 우선 실학적 입장에서 서학을 연구하면서도 이를 비판, 분석하여 논쟁적으로 다시 공격하기 위해서 서학을 연구하는 학자 그룹이 있었다. 이들을 '공서파(攻西派)'라고 불렀다. 신후담(愼後聃), 안정복(安鼎福) 등이 대표적이었는데, 이들은 후에 한국가톨릭에 대한 박해자의 입장에 서서 그 이론을 제공하는 역할을 하게 되는, '서학 공격파'를 형성했다. 다음으로는 서학을 연구하면서 그것의 가치를 높이 평가하고, 적극 수용하는 입장에서 연구에 몰두한 학자그룹이 있다. 이들을 '신서파(信西派)'라고 불렀는데, 권철신(權哲身), 일신(日身) 형제, 이벽(李檗), 그리고 정약전(丁若銓), 약종(若鍾), 약용(若鏞) 삼형제 등이 대표적이다. 이들 '신서파'는 학문으로 연구하던 '서학'을 신앙으로 받아들여 한국가톨릭교회를 세우는 중추적인 역할을 하기도 했다.

한국가톨릭의 자발적 신앙공동체

학자들 중에서는 가톨릭서적을 연구하다가 그 내용에 심취하여, 본격적인 신앙생활은 아니라고 해도 서적에 기록되어 있는 가톨릭교회의 예전(禮典)에 따라 그것을 실천해보고 싶은 의욕이 생긴 이들이 있었다. 이러한 실천적 서학 의례(儀禮)를 최초로 실행한 것으로 전하는 학자가 홍유한(洪儒漢)이다. 그는 1770년 무렵, 서학서적을 탐독한 후 일단 '성수주일(聖守主日)'에 대한 개념을 받아들여 6일간 열심히 일하거나 학문을 탐구한 후, 7일째 되는 날을 '주일'로 지켜 안식하며, 기도와 묵상, 금욕적 생활을 실천하였다.

이를 필두로 1770년에 여러 '신서파' 실학자들이 개인적으로 혹은 그룹으로 가톨릭 교리를 공부하고, 서학서적에 기록된 대로 가톨릭의 예전과, 그 생활 계율(戒律)을 실천하는 움직임이 일어났다. 즉 '교리연구회' '강학회(講學會)' 등의 이름으로 서학연구학자들이 교리를 토론하고, 신앙적 정서를 공유하며, 기록된 대로 실천하는 모임이 늘어났다. 한 가지 특기할 사실은 이들의 교리연구회나 강학회가 열리는 장소로 외딴 산중에 있던 불교사찰이 이용되었다는 점이다. 그 중에서도 경기도의 천진암(天眞庵), 주어사(走魚寺)가 유명하다. 이러한 사실은 한국가톨릭 수용시기에 단순한 장소 제공이라는 의미에 머물지도 모르지만, 불교사찰이 이용되었다는 점은 중요한 의의를 지닌다고 볼 수 있다. 당시 서학연구에 몰두하고, 이를 신앙적 실천으로까지 연결시킨 이들은 실학파에 속한다고는 해도 여전히 유교를 신봉하는 유학자들이었다. 그리고 조선 건국 이후 유교는 불교를 철저히 배척하였고, 이에 고려시대에는 도회에도 존재했던 대부분의 사찰이 깊은 산중으로 은둔했다. 이 시대 불교 역시 배척받는 종교였고, 승려의 신분도 천민에 해당할 정도였다. 그런데 유학자들 일부가 금지되어 있는 '가톨릭학', 즉 서학의 연구와 실천 장소로, 역시 당시 조선에서 배척받던 불교사찰을 이용한 것이다. 이는 초기 일본에 전래된 가톨릭이 불교의

한 유파로 인식되어 '기리시단'이 '남만종' '천축종'이라고 불리며, 일종의 토착적 수용이 이루어진 것과 견주어 볼 수도 있다. 그러나 당시 일본에서 불교가 지닌 위치나 이미지와 조선시대 불교의 위치와 이미지는 전혀 다른 차원의 것이다. 따라서 이는 토착적 수용의 측면보다는, 주류 종교나 사상으로부터 배척당하고 있던 '마이너리티(minority)' 종교 간의 연대 정도로 이해할 수 있을 것이다.

아무튼 불교사찰의 강학회 중 가장 유명하고, 역사적 의미가 있는 것으로 평가되는 것은 1779년 겨울 경기도 주어사에서 열린 집회이다. 이 강학회에서 진행된 여러 정황은 한국가톨릭 신앙공동체가 본격적으로 출발한 지점으로 이해하여도 좋을 만큼 특징적으로 기록되고 있다. 이 강학회에는 앞서 '신서파'로 지목된 서학연구자들 중 권철신, 정약전, 정약용, 이벽 외에도 여러 서학연구가들이 참가하였다. 이들은 스스로 지은 한국의 문학적 형식에 의한 성가(聖歌) 혹은 찬미가로서, 「천주공경가(天主恭敬歌)」「십계명가(十誡命歌)」 등을 함께 부르고 가톨릭의 미사(missa) 형식을 취한 종교의례를 진행하기도 했다. 이들의 강학회, 그리고 그에 이어져 진행된 집회를 분석한 후대의 자료 해석에 의하면, 아이러니하게도 불교사찰에서 진행된 집회였음에도 내용상 유학, 유교에 대해서는 긍정적 제휴를 하고, 불교사상에 대해서는 부정적 배제(排除)의 태도를 보인 것으로 정리할 수 있다. 이는 어디까지나 이 집회를 주도한 실학자들도 유학자의 정체성에서 출발했다는 태생적 특성을 보여주는 것이며, 불교사찰 집회라는 것은 어디까지나 장소로서의 의의 이상을 찾기 어려운 것임을 의미한다. 이를 통해서도 초기의 한국 유학자들에 의한 서학의 자발적 연구와 수용은 이른바 '보유론적' 특성을 보이는, 유교와 가톨릭 간의 토착화적 습합(習合)이라고 볼 수 있다. 이는 달리 말하면, 초기 한국 서학연구자들의 가톨릭 수용시기까지는 이른바 '예수회적' 선교수용신학이 적용되었다고 적극적인 해석을 할 수 있다. 결국 이들이 연구한 대부분의 서학서적들이 중국에서 활동한 '예수회' 선교사들의 저작으로, 그 자체가 '보유론적' 입장에서 서술된 책들이었다는 점과 깊이 관련되어 있다. 이런 측면에서는 한국 가톨릭 역사에서도 간접적이나마, '예수회적 선교신학'이 일시적으로 적용되었던 점을 주장할 수 있는 근거는 있는 것이다.

그런데 가장 적극적인 신앙실천 집회의 연원으로 지목되는 1779년 주어사 강학회에 참여했던 인물들 중에, 오히려 가톨릭사상에서 떠나 반(反)가톨릭 입장에 서고, 나중에 가톨릭을 경계하고 탄압하는 입장에 서게 된 인물도 섞여 있었다는 점도 간과할 수 없다. 이들은 자신들도 서학을 깊이 연구했으며, 동료들과 더불어 서학실천 집회에도 참여했으나, 오히려 이 기회가 그들에게는 가톨릭 지지 철회의 큰 빌미가 된 것으로 보인다. 즉 그들이 이론적으로 연구하던 서학 이해의 단계에서, 신앙실천의 단계로 이행되는 과정에서 큰 저항감을 지니게 된 것으로 보여진다. 다시 말하면, 서학에 대한 긍정적 이해나 이론적 해석까지는 적극적으로 병진하던 초기의 '신서파'였음은 분명하나, 막상 신앙적 단계로까지 나아가는 실천적 집회 이후, 위화감을 느끼고 서학 반대로 돌아선 경우이다. 물론 이 실천적 집회 이후에도 신앙적 그룹과 계속 함께하다가 나중에 본격적인 박해시대로 접어들면서, 신앙을 버리고 오히려 신앙그룹을 탄압한, 시기적으로 좀 늦게 배교(背教)한 인물도 있었다. 아무튼 이 과정을 살피면, 그리스도교를 학문적으로 연구하는 단계와 신앙으로 수용하는 단계의 일정한 괴리감은 분명히 있었던 것으로 보인다.

결과적으로 1770년대, 특히 1779년의 주어사 강학회는 한국가톨릭 역사에서 서학의 학문적 연구의 단계에서 신앙적 실천의 단계로 이행되며, 마침내 한국 내의 가톨릭 신앙공동체 출현과 깊이 관련된 시기와 사건이 된 것이다.

이승훈의 북경 세례

초기 서학실천 집회에서 가장 적극적인 자세를 취한 인물은 이벽(李檗)이었다. 그는 어떻게 해서든지 한국에 가톨릭 신앙공동체를 수립하고자 하는 염원을 지녔었다. 이에 우선은 북경의 서양 가톨릭 신부들과 접촉하는 것이 중요하다고 생각했고, 적어도 그 자신의 지식에 의하면, 가톨릭 신부에 의한 정식 성례집행으로 세례자가 탄생하는 기회가 중요하다고 여겼다. 이때 절호의 기회가 찾아왔다. 이벽의 절친한 친구이자, 같은 서학연구·신앙실천 그룹에 속해 있던 이승훈(李承薰)이 중국사신단으로 북경에 가는 부친을 따라 그 일행에 합류할 수 있게 된 것이다. 이에 이벽은 이승훈에게 간곡하게 당부하였다. 북경에 간 기회에 그곳에 있는 가톨릭성당을 필히 방문하고, 서양인 신부를 만나 가능하면 꼭 세례를 받아 올 것을 청하였다. 물론 이승훈 역시 이벽과 함께 한국에서의 가톨릭 수용을 염원하고 있던 때여서, 쾌히 그 요청을 받아들였다. 이런 두 사람의 계획은 실행되어, 이승훈은 북경에 머무는 동안 북경에 있던 '북 천주교당'을 방문하였다. 이때 이승훈을 만난 이가 프랑스인 신부 그라몽(J. J. de Grammont)이었다. 이승훈은 그라몽 신부의 지도로 북경 체류기간 동안 가톨릭 교리공부를 더욱 성실히 하였고, 마침내 가톨릭 신도로서의 신앙과 소양을 갖추게 되었다. 이에 그라몽 신부는 1784년 1월 말 이승훈에게 '베드로'라는 세례명으로 세례를 주었다. 당시 한국의 서학연구 그룹, 가톨릭 신앙실천 그룹에서 최초의 공식 세례자가 탄생한 것이다.

세례를 받고 북경에서 돌아온 이승훈은 이벽에게 이 사실을 알리고 한국에서의 가톨릭 신앙 전파에 의기투합하였다. 이벽은 이승훈의 세례 사실을 서학연구와 실천의 동지인 정약전, 정약용 등에게 알리고, 함께 참여할 것을 권유하였다. 이승훈 역시 세례를 받을 당시의 감격과 그 의미, 한국에서 가톨릭 신앙공동체 창설의 중요성을 동지들에 역설해나갔다. 마침내 한국 내에서 서학연구 그룹을 중심으로 신앙공동체 형성의 조짐이 나타났다. 그러나 그때까지 많은 서학연구 그룹의 학자들도 신앙적 단계의 적극 수용과 신앙공동체 설립까지는 결단을 하지 못하는 경우가 많았다. 이벽, 이승훈 등이 설득한 서학연구학자들 중에는 신앙수용을 거부한 경우도 많았다. 그러나 이승훈이 세례를 받고 온 그해 권일신이 먼저 입교하였고, 차츰 관심이 높아지는 분위기가 조성되었다. 같은 해 이승훈은 세례를 받은 자로서 먼저 친구 이벽과 입교를 결심한 권일신에게 세례를 베풀었다. 이벽에게는 세례자 요한, 권일신에게는 프란체스코 사베리오라는 세례명도 지어주었다. 이로써 한국가톨릭 수용자들은 간접적인 세례 방식으로 복수의 가톨릭 세례입교자가 생긴 것이다. 이후 이들 세례교인들의 적극적 활동으로 서울, 기호, 삼남 지역에 이르기까지 넓은 지역분포를 보이며 여러 명의 양반귀족, 그리고 서울 지역 역관(譯官) 출신을 중심으로 하는 중인 계급에서도 다수의 신자가 생겨났다. 물론 한국가톨릭 신앙 공동체 형성은 실학파 유학자들의 서학연구로부터 출발한 가톨릭 수용역사의 초기 모습으로, 그들 양반 학자들의 결단이 주축이기는 했다. 그러나 사실 새로운 종교, 사상을 수용하기에는 양반귀족 계급보다는 중인 계급의 지식층이, 그 진취적 성향으로 인해 더욱 수용이 용이했을 가능성이 높다. 이러한 과정을 통해, 이승훈이 북경에서 세례를 받고 돌아온 지 1년도 채 되지 않아 이미 한국에는 가톨릭신앙을 고백하는 신자 그룹이 전국적인 확산과 분포를 보이는 단계에까지 이르렀다.

자생적 한국가톨릭교회의 설립과 '가성직제도'

한국에 가톨릭 신앙고백 공동체가 생겨났고, 또한 차츰 늘어나고 있으나 한 가지 큰 문제가 있었다. 우선 성직자가 없는 상태였고, 이 공동체가 가톨릭교회의 중요한 구성요소인 교회의 공적 성무(聖務)집행의 관리하에 있지 못하다는 사실이었다. 그뿐 아니라 가톨릭교회는 로마 바티칸과 교황의 공적 승인에 의한 교회창설이라는 공식 절차를 중요시하고 있으나, 이 또한 현실적으로 불가능한 처지에 있었던 것이다. 이에 우선 한국의 가톨릭신앙 수용자들은 자생적 형태의 독자 교회와 그 조직 수립을 계획하였다. 물론 그것 자체가 정식 교회법이나 가톨릭의 공적 승인과는 어떤 관계인지 정확히 알 수 없었던 당시의 주도자들은, 단지 서학관련 서적과 자료에 등장하는 교회조직의 형태적 특징을 이해하고, 이를 자발적으로 수행, 조직하였다. 한편으로 보면, '유사 가톨릭 조직', 아니면 '가톨릭 토착교회 수립'의 특징을 지닌 것이었다고 평가할 수 있다.

우선 첫 세례자 이승훈으로부터 비롯된 세례의식은 간접적인 방식으로 연계하여, 세례를 받은 자가 새신자에게 세례를 베푸는 방식을 사용하였다. 그래서 그들은 자신에게 세례를 베풀어준 인물을 '신부'라고 불렀고, 가톨릭의 교리와 신앙을 전수해준 이에게 '대부(代父)'라는 호칭을 사용했다. 그러나 이런 단편적인 인적 관계의 단위만으로는 한국의 초기 가톨릭 신앙공동체가 유지될 수 없을 정도로 확산되기 시작했다. 이에 초기 수용자들은 앞서의 '유사교회제도'를 창안, 실천하였다. 1786년에 이르러 이들은 북경의 가톨릭교회당이 갖추고 있는 교회조직의 외형을 그대로 모방하여 자생적 교회를 창설하였다. 이에 이들은 먼저 첫 세례자 이승훈을 신부로 선출하고, 뒤이어 권일신, 유항검(柳恒儉), 이존창(李存昌), 최창현(崔昌賢) 등을 신부로 뽑아 사목활동을 하도록 하였다. 때로는 연장자로 하여금 주교로서의 위치에서 교회를 관할하도록 할 때도 있었다.

이것은 참으로 한국가톨릭교회 창설의 중요한 특징적 역사가 아닐 수 없다. 세계 가톨릭 선교 역사에서 전혀 찾아볼 수 없는 일이었다. 즉 선교사가 도래하기 전에 스스로 학문적인 '가톨릭학' 연구로 출발, 신앙 실천의 경험을 지니고, 자발적으로 외국에 주재하는 선교신부에게 나아가 세례를 받았다. 그가 돌아온 후 그 동지들과 더불어 전도하고, 마침내 신앙공동체를 구성한 후 교회제도의 형식을 빌려 자발적인 제도까지 수립한 것이다. 가톨릭교회법에 의한 정식의 신부나 주교가 형식적으로 교황의 임명과 파송에 의한 것이라고 한다면, 이들은 자발적으로 신부를 선출하는 회중 대의제인 프로테스탄트 교회제도를 미리 도입한 형태라고도 할 수 있다. 분명 가톨릭교회였으나, 일시적으로 존재했던 한국의 자생적 신앙공동체와 '유사교회제도'는 프로테스탄트의 형식을 띤 독특한 역사를 창출한 것이다. 물론 그 제도나 조직도 그렇지만, 이들이 자발적으로 신앙을 수용하고, 적극적으로 교회에 준하는 조직을 창설한 것은 역사상 유례를 찾을 길 없는 의의를 지닌다. 이것은 훗날 한국의 프로테스탄트 그리스도교의 경우도, 이른바 '북방선교수용루트'는 만주에서 한글성서를 번역하는 과정에서, 스스로 자원하여 세례를 받은 '권서전도자(勸書傳道者)'들이 선교사 입국 전에 자발적으로 전도에 나서, 위험을 무릅쓰고 자생적 교회를 먼저 세웠던 역사와 지극히 유사하다. 이로써 한국은 가톨릭교회나 프로테스탄트 그리스도교회나 모두 선교사 입국 전에 자발적으로 세례를 받아 신앙공동체를 형성하고, 자생적 교회를 세우는 역사를 지녔음을 알 수 있다. 이는 한국그리스도교회사의 가장 큰 특징 중의 하나이며, 한국그리스도교사의 적극적 수용과 확산의 증거요, 바탕이 아닐 수 없다.

한편 이른바 '가성직제도(假聖職制度)' 혹은 '유사교회제도'에 의해 운용되던 1780년대 후반의 한국가톨릭교회의 신도 수는 대략 1,000명 정도에 이른 것으로 기록된다. 그런데 선출된 신부들이, 이른바 가톨릭교회 사제들의 성무집행의 근간인, '고해성사' '견진성사' 등을 수행하면서 무언가 석연찮은 점을 발견하기 시작했다. 특히 신부 중의 한 사람으로 선출되어 활동하던 유항검은 1787년 무렵 스스로 교리서적을 숙독한 결과 이것이 가톨릭교회법상으로 불법적인 것이 될 수도 있고, 이른바 교황이나 적어도 북경 주교의 허락을 받지 않은 '독성죄(瀆聖罪)'에 해당할 수도 있다는 사실을 자각하게 되었다. 그는 바로 먼저 신부로 선출되어 활동하던 이승훈에게 편지를 써서 이러한 사실을 통고하고, 즉시 성무 집행 중지를 요청하였다. 이에 이승훈, 권일신 등도 그 의견에 일리 있음을 인정하고 성무를 중지하는 한편, 북경 주교에게 사람을 보내 이 문제를 상의하기로 하였다. 한국 초기 가톨릭교회를 대신하여 북경 주교를 방문한 이는 윤유일(尹有一)이다. 1787년 겨울, 북경의 북 가톨릭교회를 찾은 윤유일은 선교사 로(Raux) 신부를 만나 당시 한국의 가톨릭교회 상황을 상세히 보고했다. 이 사실은 당시 북경 주교였던 구베아(Alexandre de Gouvea) 주교를 비롯한 여러 선교사들에게 우선 감격적인 기쁨을 안겨주었다. 그들이 감동할 수밖에 없었던 가장 큰 이유는 역시, 한 사람의 선교사도, 신부도 들어가 활동한 적이 없는 나라에서 가톨릭신앙이 그토록 전파되어 신앙공동체가 형성된 일 그 자체였다.

그러나 교회법은 교회법이었다. 한국의 가톨릭 수용자들, 그 지도자들이 수행하고 있는 성무집행은 분명 불법이라는 사실이었다. 즉 신품성사를 받지 않은 이들에 의한 미사의 집전과 여러 성사(聖事)는 금지해야 한다는 것이다. 다만 세례를 주는 것은 별도로 인정하였다. 북경 주교는 한국 초기 가톨릭교회에 대한 감동과 함께 '가성직제도'를 금지하는 내용을 담은 '사목교서(司牧敎書)'를 써서 윤유일 편에 보냈다.

주교의 교서를 받은 한국가톨릭 지도자들은 즉시 그 뜻을 받아들여 성사집행을 자제하는 한편, 속히 신부 파송을 요청하기로 결정하였다. 이들의 요청은 그 이듬해인 1790년, 북경 사절단의 일원이 된 윤유일 편에 북경 주교에게 다시 전달되었고, 북경 주교는 조속한 신부 파송을 약속하였다.

최초의 선교신학적 갈등, 북경 주교의 조상제사 금지

북경 주교에게 한국가톨릭 초기 교회가 보고되면서, 우선은 한국의 신앙공동체가 공적 체계에 편입되는 절차에 들어가게 되었다. 이는 크게 보면, 세계적인 그리스도교회의 전승, 전통에 입각하여 이른바 '사도적 전승'의 궤도에 올라서는 긍정적 정황이 된 것이다. 그러나 한편으로는 토착교회의 특성, 즉 현지 지역교회로서의 여러 가지 문화적 전통과 독특한 신앙고백의 '콘텍스트'를 많은 부분 포기하고, 청산해야 하는 단계로 접어든 것이라고도 볼 수 있다. 재론하겠지만, 특히 한국가톨릭의 초기 교회 상황이 보고된 북경교구는 이미 '예수회'가 해산된 이후의 보수적 선교신학이 주류를 이루고 있는 지형이었고, 따라서 새로운 선교지의 초기 교회를 지도하는 신학도 '적응주의'나 '토착신학'과는 거리가 먼 형편이었다.

그 구체적 증거가 처음으로 드러난 부분이, 윤유일을 통해 북경 주교로부터 전달된 '조상제사 금지'의 신학, 사목 원칙이었다. 당시 한국의 가톨릭 수용자는 유교적 전통을 배경으로 지닌 양반, 중인 계급의 지식인이 중심이었다. 이들이 비록 새로운 사상, 종교, 문명으로서 가톨릭을 수용하고, 신앙적 결단까지 이해, 실천하는 상황이었지만, 유교의 인륜적 가치, 그중에서도 효(孝)의 근본으로서 실천하고 있던 '조상제사' 문제는 지역적 토착문화 전승의 가장 핵심적 가치에 해당하는 것이었다. 그러나 북경 주교는 가톨릭신앙과 유교의 조상제사는 양립할 수 없는 것이고, 결국 양자택일을 해야 할 지극히 단속적인 사항임을 엄격하게 강조했다. 특히 당시 북경 주교인 구베아는 '프란체스코회' 소속의 전형적인 '반예수회' 타입의 선교신학을 견지하는 선교사였다. 즉 보수적 가톨릭 선교방법의 전형을 취하고 있던 프란체스코회 소속의 주교는 한국의 초기 자생적 가톨릭 신앙공동체 자체가 감격적이기는 했지만, 조상제사라는 토착적·이교적 신앙행위에 가까운 습속과 가톨릭 신앙고백을 함께 병행하고 있던 상황을 묵과할 수 없었는지 모른다. 별도로 그들이 수행하고 있던, '유사교회제도', 곧 '가성직제도'는 그것을 중지시켜 표면적인 교회체제만 다시 정비하면 되는 것으로 오히려 쉽게 판단했는지 모른다. 그러나 그들의 조상제사 병행은 신앙의 보다 내면적인 부분으로 더욱 철저히 경계하고 단속해야 할 사항으로 판단했는지 모른다.

물론 이 문제는 한국의 가톨릭 초기 수용자들에게 더욱 심각한 문제였다. '가성직제도'의 문제는 북경 주교의 지도대로, 즉시 성무집행을 중지하고 오히려 조속한 신부 파송을 요구하여, 신부만 입국한다면 즉시 해결될 수 있는 문제였다. 그러나 한국의 가톨릭 수용자들은 거의 모두 유교적 전통과 그 가치를 존중하며 살아왔고, 서학을 연구하고 수용한 것도 대개 '보유론적' 입장에서 수용한 처지였다. 더구나 당시 조선사회는 유교근본주의의 가치가 국가사회의 가장 핵심적 가치로 자리하고 있었으며, 모든 개인적·사회적·국가적 가치의 표준이 유교, 특히 '상례(喪禮)' '제례(祭禮)'로 표현되는 '조상숭경'의 척도로 인륜적 가치가 즉시 판명되는 시대였다. 만일 유학자의 전통을 지닌 자신들이 가톨릭신앙에 입각해서 조상제사를 폐하였을 때 당시 조선사회에서 어떤 상황에 처하게 될 것인지는 충분히 예상되는 바였다. 한때 일본에서 그리스도교인들이 국가사회로부터 '비국민(非國民)'의 지목을 받은 것을 말한다면, 당시 조선사회에서 조상제사를 거부하는 정도면, '비인간(非人間)'으로 취급되고도 남을 정도였다. 구베아 주교의 사목지침을 전달받은 한국의 초기 가톨릭 신앙공동체는 큰 혼란과 이반을 경험하지 않을 수 없었다. 이 무렵 초기 신자들 중에서 상당수가 공동체를 이탈하였고, 첫 세례자요, 자발적·자생적 신앙공동체 수립의 반석, 그야말로 '베드로'가 되었던 이승훈이 교회를 떠난 것도 이 즈음이다.

이로써 또 한편으로 보면, 간접적이었지만 '예수회적 선교와 수용'의 특징을 잠시 보였던 한국가톨릭 신앙공동체가 '반예수회적 신학'으로 변화, 편입되는 전환점도 이 시점이라고 해석할 수 있다.

박해의 시작과 신부의 내한

한국 초기 가톨릭 공동체는 북경 주교의 사목지침 회신 이후, '가성직제도'의 정지, '조상제사 금지' 원칙에 의한 공동체 소요와 이탈 사태 등을 거듭하며, 중요한 위기와 전환을 경험하였다. 더구나 그보다 조금 앞선 시기와 또한 그 이후, 곧 북경 주교의 사목지침 도착을 전후하여 한국가톨릭 초기 신앙공동체 최초의 구체적인 위기가 닥쳤다. 예상대로 유교근본주의 국가였던 '조선'이라는 국가사회로부터의 탄압이다. 1785년 서울 명동(明洞)에서 이벽과 정약용 형제들, 권일신, 그리고 중인 계급인 역관 출신 김범우(金範禹) 등이 모여 가톨릭 교리공부와 집회를 여는 것이 관헌에게 발각된 것이다. 장소는 김범우의 집이었다. 결국 중인이던 김범우만 체포되고, 양반귀족 계급인 나머지는 경고만 받고 풀려났다. 이것이 이른바 '을사추조적발사건(乙巳秋曹摘發事件)'이다. 그리고 1791년에는 전라도에서 이른바 '진산사건(珍山事件)'이 터졌다. 곧 북경 주교의 지침대로 가톨릭 신앙원칙을 준수하기 위해 양반귀족임에도 유교식 조상제사를 폐하고, 집안 대대로 모셨던 조상의 신주(神主)를 땅에 묻었던 윤지충(尹持忠), 권상연(權尙然)이 체포되고, 결국 사형을 당한 것이다. 그들의 죄목은 '멸륜패상(滅倫敗常)' '무군무부(無君無父)'였다. 이러한 박해 역사에 대해서는 별도의 항목에서 추후 논의할 예정이다. 이는 한국가톨릭교회의 '피[血]의 역사', 곧 조선의 유교근본주의 사상체계와 가톨릭, 특히 가톨릭 중에서도 '가톨릭근본주의'라고 할 수 있는 '반예수회적' 선교신학이 정면으로 대립과 갈등을 보이기 시작하는 출발선이라고 볼 수 있다.

그러나 한국가톨릭교회의 결정적인 새로운 전기가 된 것은 북경 주교가 약속한 대로 신부가 파송된 일이다. 1795년 한국가톨릭 신부영입팀의 안내로 중국인 가톨릭 신부 주문모(周文謨)가 서울에 도착하였다. 서양인 신부에 앞서 중국인 신부가 파송된 것은 금교(禁敎) 상황인 한국 실정을 감안하여 비밀활동을 하기에 외모가 한국인과 비슷하여 용이하다는 이유에서였다. 신부 잠입 사실이 알려져 정부 관헌의 추적이 심했으나 이를 피해가며 주 신부는 최초의 가톨릭 공식 선교사이자, 한국가톨릭교회의 첫 신부로서의 임무를 충실히 수행해나갔다.

주 신부가 입국하여 비밀 사목을 시작한 지 수년 후 한국 초기 가톨릭교회의 신자는 1만 명을 헤아리게 되었다. 특히 주 신부가 조직한 '명도회(明道會)'라는 신도 조직은 한국가톨릭 초기 확산의 기초가 되었다. 그러나 신부의 입국과 한국가톨릭교회의 본격적인 활동은 조선정부의 더욱 큰 경각심을 불러일으키기에 충분했고, 이는 그대로 한국가톨릭 박해의 역사로 직결되었다. 물론 다른 정치적 배경과도 깊이 연관되는 일이었지만, 기본적으로 가톨릭 신자의 증가와 사회적 세력 형성 자체가 한국에서 기존 가치체계와 새로운 종교 간의 심각한 갈등을 형성하는 가장 중요한 요소가 아닐 수 없었다. 이러한 갈등과 박해의 역사는 수차 거론하지만, 차후의 다른 항목에서 상세히 살필 예정이다.

고난 중의 한국가톨릭 독립교구 창설

그러나 한편 그리스도교의 역사는 수난과 함께 성장한다는 것이 '교회사'의 증언이다. 한국가톨릭의 역사도 예외가 아니다. 초기에 자생적으로 형성되고, 북경 주교의 사목적 지도가 간접적으로 시행되면서 체계를 잡아나갔으며, 처음 파송된 선교사 중국인 주문모 신부의 적극적 활동으로 크게 성장한 한국가톨릭교회는 1801년 한국가톨릭 박해역사 최초의 대형 박해인 '신유박해(辛酉迫害)'를 겪었다.

그리고 마침내 그 교난(敎難)의 수습과 교회의 재정비 과정, 그리고 이어지는 연이은 대박해 과정에서 오히려 정식으로 한국가톨릭을 독립교구로 창설해나가고자 하는, 정반대의 노력과 그 결실도 병행되었다. 1831년 9월 9일, 당시 교황 그레고리오 16세는 '조선대목구(朝鮮代牧區)' 창설을 공포하는 교서를 발표하여, 큰 고난 중에 있던 한국가톨릭교회는 북경교구 관할에서 독립된, 하나의 독자적 교구로까지 발전하였다. 이는 교회에 대한 박해와 그 교회의 발전이 역설적으로 불가분의 관계라는 것을 증명할 수 있는 대표적인 역사적 사례라고 할 수 있다. '조선교구' 창설 당시의 역사적 문서인 교황의 교서를 인용해두고자 한다.

본인은 자발적으로, 또 본인의 확실한 지식과 오랜 숙고에 따라, 교황의 충만한 직권과 이 교황 교서의 힘으로 조선왕국을 지금 당장 새로운 대목구로 설정하는 바이며, 거기에 북경 주교로부터 완전히 독립한 대목구장을 임명한다고 선언하는 바입니다. 그리고 이 성좌에 의해 임명될 그 대목구장에게 관례적으로 부여되어온 특별권한들을 모두 그리고 낱낱이 전기한 본인의 권한으로 허락하고 부여하는 바입니다.(한국기독교역사학회 편,『한국기독교의 역사 1』, 개정판, 2011, 74쪽에서 재인용)

조선시대 당파와 실학, 그리고 서학 수용의 두 형태 황사영과 정하상

조선왕조의 정치적 특징

조선은 철저히 유교의 철학적 가치관과 그 종교적 신념을 기초로 건국된 나라이다. 불교를 근본으로 했던 고려왕조로부터 새로운 나라인 조선을 건국할 때, 그 주도자들의 정치사상적 목표가 유교를 바탕으로 한 이상적 통치철학이 실현되는 국가 건설이었다. 따라서 중국에서 시작된 유교지만, 그것이 국가 기강으로 철저히 기초 역할을 한 것은 조선왕조가 유일하다. 물론 중국의 정치사상이나 일본의 각 시대마다 일정 부분 유교철학과 그 가치관의 영향을 받았던 부분적 역사는 있지만, 조선왕조처럼 완전히 유교 그 자체가 국가의 근간(根幹) 사상이었던 적은 없다.

그런데 유교는 하나의 종교이기도 하고, 철학사상이기도 하기 때문에 학자들 간에 혹은 중심이 되는 학자를 구심점으로 형성된 학파 간에, 여러 부문에서 특히 그 경전과 실천덕목을 해석하는 입장에 있어 차이가 있을 수밖에 없었다. 더구나 조선의 경우는 유학자 중 일부가 입신출세(立身出世)하여 그대로 관리가 되고, 사실상 관리를 등용하기 위한 시험의 절차도 모두 유교경전을 기본으로 하는, 유교 종교철학의 교과과정을 내용으로 한 것이었다. 더구나 최고 통치자인 왕도 어린 시절부터 철저히 유교교육을 받았고, 그 역시 유교의 해석적 가치관을 바탕으로 통치행위를 할 수밖에 없는 구도였다. 그렇지만 한편으로 보면 유교는 당시 조선사회의 일부 귀족, 이른바 '양반'의 전유물이었고, 다수 민중은 종교로서의 유교보다는 사회 전체가 지향하는 근본 윤리가 되어버린 유교의 실천규범을 무조건 따라야 하는 의무 혹은 그 관습을 받아들이는 정도였다.

이러한 유교국가인 조선은 같은 시대 다른 지역의 왕조들과는 상당히 다른 특징을 또한 지니고 있었다. 즉 절대군주제 국가임에 분명한 통치체제 안에서 서로 다른 정차사상, 통치행위에서의 우선순위가 서로 다른 학파, 실제적으로는 정파(政派)가 격심한 갈등구조로 함께 존재하고 있었다는 것이다. 물론 어느 나라의 경우도 파벌 간의 정치적 갈등은 있을 수 있지만, 절대군주마저 사실상 제어할 수 없는 한계를 지닌, 유학자 학파 간의 실존적 갈등이 엄연히 존재했다. 이를 긍정적으로 해석하면 전제왕권국가 안에 오늘날 민주제도에서나 찾아볼 수 있는 정당(政黨)의 전신과 같은 것이 존재했고, 그 정당 간의 갈등이, 혹은 실권을 잡은 여당과 그 반대의 야당이 존재했다고도 설명할 수 있다.

이런 상황에서 조선왕조의 왕은 사실상 절대군주가 아니었다. 그는 자신의 의지나 통치정책의 선택을 대부분 왕조의 초기부터 확립된 법이나 전통, 선대 왕들의 결정사례, 더구나 절대적으로 따라야 하는 유교철학, 예법, 윤리에 근거해서 결정하지 않으면 안 되는 군주였다. 그러함에도 그것을 더욱 제한하고 견제하기 위해서 이른바 유학을 전공하는 전국의 선비들이 어떤 사안에 대해 개인적 혹은 집단적 의견을 적은 직접적인 건의문, 곧 '상소(上疏)'를 올리는 제도가 확립되어 있었다. 이 상소는 군주가 심각하게 자신의 입장을 조율하는 중요한 참고가 되지 않으면 안 되었다. 더구나 이른바 중신(重臣)이라고 불리는 내각의 의견이 일치하거나 혹은 다수로 모아져야 하는 전제도 늘 깔려 있었다. 더욱이 제도적인 것으로 이른바 '삼사(三司)의 간(懇)'이라는 제도가 있었다. 현대적 의미로 보면 언론과 감찰, 학술연구에 있어 중추적 역할을 하는 국가기관이 있었는데, 곧 사간원(司諫院: 국립언론기관)의 수장인 대사간(大司諫), 사헌부(司憲府: 국가 고위공무원 감찰기관)의 수장인 대사헌(大司憲), 홍문관(弘文館: 국립학술기관)의 수장인 대제학(大提學)이 합의하여 군주의 결정에 문제가 있다고 반대를 하면, 왕은 결코 자신의 뜻을 관철하지 못하는 구조였다. 물론 세 기관의 수장이 지위상 그렇게 최고위에 해당하지는 않았지만, 언론, 감찰, 학술을 관장하는 이들이었고, 유교의 원리에 의거(依據), 그들 간에 일치된 의견으로서 대원칙을 건의할 경우에는 아무리 군주라 하더라도 그 견해를 무시할 수 없다는 것이다. 만약 그것을 받아들이지 않는다면, 그야말로 '폭군'이 되는 것이다.

더구나 조선의 왕은 거의 일생을 하급관리이지만 역사가인 사관(史官)이 수행하며 행적 전체를 빠짐없이 기록하도록 하는 제도하에 있었다. 단순한 기록이라기보다는 유교의 원리에 입각하여 군주가 정당한 정치를 하고 있는지를 '체크'하는 제도라고 할 수 있다. 이는 모두 조선의 정치가 원리적으로는 유교의 철학적 가치관을 실제 정치에서 실현하고자 하는 형식이요, 또한 적극적으로 해석하면 현대 민주정치에서도 참고할 만한 이상적 권력분배와 상호견제의 정치체제를 구축한 '이상국가(理想國家)'를 지향했다고 볼 수 있다.

이상의 정치 체제적 특징이 결국 조선시대 유학의 각 학파, 정치적으로 보면 당파가 각기 존재할 수 있었던 배경이 된다고 할 수 있다.

조선왕조 당파의 시작

조선의 건국을 주도한 유학자들이 국가의 기강을 좌우했고, 그들 일부가 공신(貢臣)으로서 국가권력의 주도권을 행사한 것은 당연하다. 그러나 왕조의 역사가 경과하고 새로운 신진 유학자들이 등장했으며, 그중 일부는 정치 전면에 나서서 권력을 지향하는 학자들을 비판하여 학문연구에만 몰두하고 제자들을 길러내는 데에 중심 가치를 두는 그룹도 형성되었다. 이러한 판도에서 조선 건국 후 수십 년이 경과할 즈음, 크게 나누면 이른바 정치 전면의 '훈구파(勳舊派)'와 재야의 '사림파(士林派)'라는 이름으로 유학자들 간의 구분이 생겨났다. 물론 조선 중기 이후에는 오히려 '사림파'가 권력을 쟁취하여 현실정치세력을 형성하기도 했다. 아마 이것이 조선시대 '당파'의 시작이라 보아도 무방할 것이다.

그 이후는 시대마다 즉위한 각 군주와의 관계에서 더욱 결속되는 유학자, 관리 그룹과 그 반대세력 간의 갈등이 점차 심화되었다. 그들 간의 정치적 논쟁의 대부분은 아주 구체적인 의례나 격식 등이 주된 테마가 되었는데, 왕실의 관혼상제(冠婚喪祭)의 예법(禮法), 왕위승계에 대한 원칙적 우선순위 등등이 중요한 논쟁의 주제가 되었다. 이러한 유학자간, 정치세력 간의 그룹 형성, 갈등과 논쟁, 정치적 실각(失脚)과 복귀 등의 복잡한 당파전개의 상황은 조선 중기에 이어 후기로 이어질수록 점점 더 심화되었다. 이 과정에서 생겨난 당파의 이름들을 보면, '동인(東人)' '서인(西人)', 동인 중에 다시 '남인(南人)'과 '북인(北人)'이 나누어졌으며, 그 후 서인 중에서는 다시 '노론(老論)'과 '소론(少論)'으로 나누어졌다. 그리고 후기, 특히 가톨릭 수용시기에는 '사도세자(思悼世子)사건'에 대한 문제로 '시파(時派)'와 '벽파(僻派)'로 다시 붕당(朋黨)되어 갈등이 지속되던 상황이다. 앞서 당파들의 이름은 각 파벌의 중심이 되는 인물의 거처가 서울 내에서 상호 비교하여 동서남북 어느 지역에 있었는가에 따라, 혹은 논쟁이 일어나 갈라진 인물, 그 추종자들의 연령의 노소관계 등에서 기원했다. 다만 시파, 벽파의 기원은 이와 다른데, 영조(英祖: 재위 1724~1776) 때 그의 아들인 사도세자를 정치적 소용돌이 속에서 처단하였다. 그 후 사도세자의 아들인 정조(正祖: 재위 1776~1800)가 왕위를 승계한 후 부친인 사도세자의 억울함에 대한 재론이 있었다. 이에 정조의 입장에

서서 사도세자를 옹호한 그룹이 시파, 반대로 영조시대의 사도세자 처결(處決)이 옳았다는 입장에 서 있었던 그룹이 벽파이다. 즉 이 시대 이후로는 당시 정치세력으로 이미 존재하던 노론, 소론, 남인 등의 당파적 정체성보다, 시파냐 벽파냐에 따라 정파가 더욱 엄연히 갈라지는 형세를 보였다.

이러한 복잡한 당파적 전개 상황이 한국가톨릭 수용 당시의 정치적 배경이 된다. 그런데 앞서 뚜렷이 존재하던 당파를 두고 가톨릭과의 관계를 대입해보면 대개 남인시파(南人時派) 계열이 가톨릭 수용 세력이었고, 노론벽파(老論僻派) 계열이 가톨릭에 대한 배척, 박해 세력이었던 것으로 크게 구분하여 볼 수가 있다. 물론 여러 가지 다른 변수도 함께하지만, 결국 조선시대 가톨릭 수용 역사와 조선시대 당파 정치의 특징은 중요한 관련성을 형성하고 있다고 할 수 있다.

조선 실학의 태동, 그리고 실학파와 정치적 당파의 관계

정치적 파벌과 연관된 유학자, 고위관료들의 당파와 별도로 학문적 순수성이 내포된 새로운 움직임이 생겨났다. 즉 조선 중기 이후 구체적으로는 16세기 유학자들 간에 '실사구시(實事求是)'를 목표로 하는 학파가 시작되었는데 곧 실학파이다. 물론 이들도 유교를 신봉하는 유학자들이었으나, 그동안 조선의 유교나 유학은 지나치게 이론, 그중에서도 형식주의에 지나치게 치우쳤고, 실천적 부분에서도 규례(規例)에만 집착하는 경향이 두드러졌다. 즉 유교를 통해 인간의 삶에 실제적 도움을 준다든지, 미래에 대한 희망을 논할 수 있는 새로운 지식을 도모하기는 어려운 상황이었다. 이에 당시의 유교, 유학의 경향을 '공리공론(空理空論)'의 상황으로 보는 입장이 형성되기 시작했다. 곧 젊고 진취적인 유학자들을 중심으로 새로운 사상과 지식을 추구하고, 그것을 실현, 실천하고자 하는 학파가 태동한 것이다. 이들은 기존의 당파와는 전혀 다른 개념의 학파였는데, 이들 그룹과 조선의 가톨릭 수용사는 더욱 밀접한 관련을 맺고 있다.

우선 실학의 학문적 특징을 정리하면 대략 네 가지로 집약할 수 있다. 첫째, 앞서 언급한 바와 같이 실사구시를 학문의 목표로 하여, '경세치용(經世致用)' '이용후생(利用厚生)'을 담보할 수 있는 학문연구의 경향을 보였다. 둘째, '민본주의(民本主義)'를 바탕에 두고 있다. 물론 시대적 한계로 인해 현대적 의미의 민주주의나 평등사상과는 어느 정도 거리가 있다고 하더라도, 다수의 인민에 대한 유용성을 목표한 측면에서는 진전된 경향으로 볼 수 있다. 셋째, 자주정신이 강한 경향을 보인다. 당시 조선은 사상, 문화, 학문, 무엇보다 정치외교적으로 중국에 대한 절대적 의존성을 보이고 있었다. 이에 반하여 실학파는 중국에 대해서 독자적인 정체성을 드러내며, 심지어 서양 여러 나라로부터도 자유로이 문물을 수입하여 독자적 문화전개를 추구한 측면에서 자주적 경향이 강했다. 넷째, '기일원론(氣一元論)'에 입각한 일종의 유물론적 경향성을 보였다. 즉 그동안 조선유학의 주류였던 '이일원론(理一元論)'과는 상반되는 입장에 서는 것으로도 특징지을 수 있다.

그런데 바로 이러한 실학자들의 학문적 관심에 포착된 것이 가톨릭, 즉 당시의 용어로는 서학이었다. 중국과의 외교통로에서 사신으로 오가던 관리들 중 실학자가 상당수 포함되었고, 그들은 먼저 종교적인 관심보다는 순전히 신문명에 대한 관심으로 가톨릭 선교사들을 접촉하여 그들로부터 서학서적과 그 밖의 근대적 자료나 기기(器機) 등을 입수하였던 것은 이미 살핀 바 있다. 그런데 여기서 주목해 볼 것은 실학 자체가 기(氣)를 중심으로 하는 실제적 학문성에 방점을 둔 학문이었음은 당연히 공통적 특징이었으나, 그 서학을 연구대상으로 삼은 실학파 안에서 다시 이(理)와 기(氣)에 대한 중시의 정도로 그 경향이 나누어지는 것을 볼 수 있다.

우선 서학을 종교사상적 측면으로 접근하여 그것이 근대 서양 문명의 근본 바탕이 된 것으로 보고 서학을 연구하는 그룹, 즉 서구문명의 정신적·이론적 기초로서의 서학에 특별한 관심을 보이면서 이를 더 중시하는 실학자 그룹이 생겨났다. 그와는 반대로 서학을 서구문명의 사상적 바탕으로서의 의의보다는 서학 관련자들을 통해 입수할 수 있는 현상적 문물이나 과학기기 등에 더 관심을 보이는, 즉 기 중시 그룹으로 나누어진 것이다. 특별히 이러한 기 중시의 실학자들을 '북학파(北學派)'로도 부른다. 이들은 서학을 연구하고 관심은 가지되 이용후생을 위한 방법론적 루트로만 그것을 생각했다. 종교사상 연구로 서학에 접근한 이 중시의 실학자들이 실제로 가톨릭을 연구하고, 결과적으로 그것을 신앙적으로 수용하기까지 한 서학연구자들인 것이다.

한편 실학자의 대부분은 앞서 논의한 정치적 정파로 분류되는 조선 중후기의 당파에 대해 비판적 견해를 가졌다고 볼 수 있다. 이미 당파의 태동, 그리고 당파 간의 정치적 갈등은 실학이 추구하는 실사구시나 이용후생과는 거리가 먼 공리공론의 성향이 강했기 때문이다. 그러나 실학파 역시 당시 조선의 유학자들과 그 정치적 지형 안에서 태동될 수밖에 없었던 한계가 있기 때문에 태생적으로 그들 다수가 속했던 당파는 당연히 존재할 수밖에 없었다. 사실상 조선 실학의 개척자 중 하나요, 특히 서학연구자로서 선구자였던 이익은 앞서 논의한 당파 중 남인 출신이었다. 이것도 중요한 연고가 된 것일지 모르지만, 대부분의 실학자들은 남인계로 집중되어 있다. 그리고 후대에 다시 사도세자사건을 사이에 두고 갈등이 일어난 시파와 벽파 중에는 시파에 속한 학자들이 더 많다. 특히 실학파 중에서도 서학연구와 실천에 관련된 실학자들은 대부분 남인시파가 주축이었다. 이는 실학자들의 사상이나 연구의욕을 크게 격려하고, 스스로도 같은 학문적 관심을 가졌던 조선 22대 왕 정조가 실학을 중시하고 가톨릭에 대해서도 일정 부분 관용정책을 썼던 것과도 관계가 있다. 즉 정조가 자신의 부친인 사도세자에 대한 온정적 태도를 취한 것을 지지한 당파가 시파였기 때문이다. 이러한 연고로 실학자들, 그중에서도 서학의 연구와 실천에 관여된 실학자들 역시 여전히 격심한 당파 간의 갈등과 정변에 노출될 수밖에 없었다. 이는 곧 조선시대 한국가톨릭의 수용과 수난사를 정치적 당파 간의 격렬한 대립으로 조명할 수밖에 없는 이유의 바탕이다.

이상의 내용을 통해 볼 때, 조선시대 정치적·학문적 지형도 안에서 가톨릭을 연구하고 수용하였으며, 신앙적 실천과 교회의 수립으로까지 나아갔던 이들의 학파 혹은 당파적 분류가 명확해진다. 우선 그들 대부분은 새로운 유학의 학파인 실학파에 속한다. 실학파 중에서도 특히 서학연구를 하나의 학문적 중요과제로 삼았던 서학연구 실학파이다. 그런데 그중에서도 좀 더 세분해보면, 서학연구 실학파 중에서 이를 중시하는 그룹, 즉 서학을 연구하되 종교와 사상으로서의 서학을 연구한 그룹이 그 중추였다는 것이다. 한편으로 실학파 자체가 기존의 당파, 정치적 '헤게모니'를 중심으로 이합집산(離合集散)했던 정치가들과는 이념과 목표를 달리했던 것은 분명하다. 그러나 현실적으로는 그들 대부분이 남인시파라고 하는 당파 내지는 정치적 서클에 속할 수밖에 없었고, 그로 인한 정치적 부침 또한 격렬하게 겪어야 했다는 점을 간과할 수는 없다.

그리스도교 전래와 수용신학의 관계

앞서 근대 그리스도교 선교에서 선교신학 혹은 선교방법론에 대한 논의를 비교적 상세히 한 바 있다. 즉 그리스도교의 '제2차 선교시대'를 열며 출발한 선교단체로서 '예수회'가 동양선교 과정에서 경험하고, 그것을 통해 성립시킨 선교신학과 방법론, 곧 '예수회식 선교'가 있다. 그리고 그와 반대로 예수회의 신학과 방법론에 대립하고, 그들과의 격심한 논쟁을 거쳐 수립한 '반예수회식 선교'가 있다. 결국 이러한 과정 끝에 200여 년 만에 '예수회'는 해산되었고, '예수회'의 선교신학과 방법론은 일정 기간 가톨릭 선교에서 채택될 수 없었던 것은 주지하는 사실이다. 공교롭게도 일본과 중국의 경우는 해산되기 이전의 '예수회'에 의한 가톨릭 선교 경험을 지녔으나, 한국가톨릭의 전래와 수용역사는 이미 예수회가 해산된 이후에 시작, 진행된 이유로 '예수회식'에 대한 경험을 직접적으로는 할 수 없었다. 물론 초창기 한국가톨릭의 자발적 수용자들이 사용한 대부분의 가톨릭서적, 즉 한역서학서는 예수회 선교사들의 저작으로 간접적인 영향을 받았을 가능성은 충분히 있다.

이미 앞서 상세히 살핀 바와 같이 한국의 실학과 서학연구자들이 한역서학서를 바탕으로 가톨릭을 연구하고, 서로 공유하는 과정에서 신앙의 실천 단계로까지 나아가는 자발적 수용역사를 보였다. 이를 시작으로 한국인 서학연구자, 실천자들이 자생적 형태의 가톨릭교회를 수립한 바 있다. 이는 세계 가톨릭 선교역사상 유례가 없는 특별한 경우이다. 그러나 이들의 자생적 교회 수립과 그 체제 안에서 시작된 이른바 '가성직제도'는 로마 바티칸과 연결된 중국 북경교구 주교에 의해 교회법상 불법으로 유권해석을 받았다. 그런데 이 시점에서 더욱 중요한 일은 단지 외형적 체제로서의 자생적 한국가톨릭교회의 체제를 중지시킨 것에만 있지 않다. 한국의 가톨릭 수용자들이 가톨릭신앙과 함께 지켜오던 한국의 전통문화, 더욱 구체적으로는 조상에 대한 제사행위를 금지시킨 것이다. 이것은 단적으로 한국가톨릭이 자발적인 출발을 보일 때에는 신학적으로 '예수회식'을 따랐으나, 북경 주교에게 보고된 후 정식 가톨릭교회로서의 세계적 유대감을 확보하면서는 '반예수회식' 선교신학의 통제를 받게 된 것으로 볼 수 있다. 물론 당시 한국의 자생적 가톨릭교회가 보고되고, 그에 대한 통제를 시작한 북경교구, 로마 바티칸교회는 이미 '예수회'를 해산하고, 그와 같은 신학이나 방법론을 정죄한 이후의 분위기였다.

앞서의 일련의 과정에서 한국의 가톨릭에 대한 직접적 선교 담당이 '파리외방전교회'로 정해졌는데, 이 선교단체의 선교신학과 방법론은 가장 대표적으로 '반예수회식' 특성을 지닌 것이었다. 이는 한국가톨릭 초기 역사에서 급진적 선교수용신학의 변화를 의미한다. 그 이유로 초기 자발적으로 서학을 연구하고 신앙을 실천했던 한국가톨릭 수용자들 중 상당수가 교회와 신앙을 떠나는 상황도 발생하였다. 아무튼 한국가톨릭 선교와 수용의 신학적 분위기는 '반예수회식'으로 정착되기 시작하였다. 이는 다른 여러 가지 요인과 더불어 한국가톨릭 역사를 '피의 역사'로 몰아간 중요한 이유가 된 것이기도 하다. 즉 한국의 종교, 문화, 사회적 통념, 그리고 정치적 상황과 가톨릭은 정면대립을 피할 수 없었던 것이다.

이러한 관점에서 본다면 본격적인 전래, 수용 시기의 한국가톨릭은 전형적인 '반예수회식', 즉 가톨릭근본주의의 형태를 띠었다고 평가할 수 있다.

그러나 그리스도교의 역사를 볼 때 어떤 형태의 선교신학이나 그에 따른 방법론이 채택되더라도, 거기에는 다시 수용자 측의 입장이나 견해에 따라 다시 강온(强穩)의 양측 입장이 등장하는 것이 상례(常例)이다. 역시 한국가톨릭사도 물론 전래자 측의 입장은 이른바 '반예수회식'의 강력한 교회중심주의, 다시 말하면, '텍스트 중심'의 견고한 선교신학이 전체적인 흐름을 형성했으나, 그 내부적으로는 서로 다른 형태가 등장했다. 이는 특히 가톨릭을 당시의 정치, 사회문화, 혹은 국가의 권위와 접속시키는 방법론에 따라 크게 나누어졌다. 이를 필자는 '황사영(黃嗣永) 타입'과 '정하상(丁夏祥) 타입'으로 분류한다. 곧 전체적으로는 '반예수회식' 선교신학이 형성된 한국가톨릭 역사에서, 내부적으로는 다시 수용자 측의 상반된 형태의 수용 스펙트럼이 조성된 것이다.

종교, 사상, 문화의 이동과정을 이해하기 위한 하나의 이론

필자는 하나의 새로운 종교나 사상 혹은 문화가 이동하는 과정에서 우선 그 원형이 되는 '텍스트(text)'와 그것이 정착하는 환경 혹은 상황, 독특한 문화로 부를 수 있는 '콘텍스트(context)'의 결합과정을 전제한다. 그런데 그렇게 형성된 한 지역, 문화권, 특정한 시대의 종교 혹은 사상, 문화가 다시 다른 지역이나 문화권으로 이동할 때는 그것이 다시 새로운 '텍스트'가 되고, 이동하여 정착하는 곳의 환경 혹은 상황이나 문화 등과 다시 결합하여 변혁된 새로운 종교나 사상, 문화를 창출해나가는 연계구조를 의미한다. 이것을 하나의 도식으로 이해하면 다음과 같다.

t 1 + c 1 = tc 1,

tc 1= t 2

t 2 + c 2 = tc 2,

tc 2= t 3

t 3 + c 3 = tc 3

물론 여기서 t는 '텍스트'를, c는 '콘텍스트'를 의미한다. 이를 그리스도교의 큰 역사적 흐름으로 살피면, t 1은 '예수 복음'의 핵심을 의미한다. 그것이 c 1, 곧 '헤브라이즘(Hebraism)'과 결합하여, '팔레스타인의 그리스도교', 곧 tc 1이 되었다고 볼 수 있다. 이 tc 1이 다시 t 2가 되어, 역시 c

2라고 할 수 있는 그리스, 로마의 '헬레니즘(Hellenism)'과 결합하면, '초대 그리스도교', 곧 tc 2가 된다는 것이다. 물론 tc 2는 다시 t 3가 되어 그다음의 세계와 시대로 지속적으로 나가고, 그러한 단계를 거치면서 한국의 그리스도교도 성립되었다는 이론이다.

그런데 여기서 중요한 것은, t와 c의 결합과정에서 일률적 비율이나 배분으로 정확하게 '밸런스'를 유지하며 새로운 종교문화, 구체적으로 특정한 그리스도교를 만들고 생성시킨다고는 볼 수 없다는 점이다. 즉 때로는 t가 강하여, T가 되므로, 그 결합 형태가 Tc가 되기도 하고, 반대로 c가 더 강할 경우에는 tC가 되기도 한다는 점이다. 결국 이를 그리스도교의 역사로 이해해보면, Tc의 경우는 그리스도교의 '전래적 전승'이 더 강한 '아이덴티티'로 작용하여, 정통성을 강조하는 그리스도교가 되는 경우이고, tC의 경우는 '토착성'이 더 강조되어 수용자 측의 상황, 문화적 환경이 더욱 강하게 포함된 그리스도교의 경우를 의미한다. 이를 더욱 응용하여, 선교방법론과 연관시켜보면, 이미 살핀 바 있는 '예수회식' 혹은 그 반대의 '반예수회식' 선교 과정이나 결과로도 연계시킬 수 있다. 즉 이러한 이해방식에 의거하면, '예수회식 선교신학'의 과정과 결과는 tC에 가깝게 산출되고, 그 반대의 경우는 Tc의 결과에 가까운 것이라고 볼 수 있는 것이다. 물론 그것이 지나치게 극단적으로 흘러, 한쪽 요소에만 집착하고 치우친다면 그것은 일정한 균형을 상실하는 결과 정도가 아니라, 극단적으로 변질된 그리스도교라 아니할 수 없다. 즉 이른바 t쪽으로만 치우친다면 근본주의 그리스도교, 혹은 이식적(移植的) 형태의 그리스도교로 빠지거나, 그리스도교 선교 자체가 불가능한 상황이 될지 모른다. 한편 c쪽으로 지나치게 치우친다면, 그것은 그리스도교가 지닌 최소한의 정체성마저 상실한, 이른바 토착적 '이단(異端)'의 형태로 귀결될지 모르는 일이다.

이러한 이론을 통해 보면, 한국의 가톨릭 역사는, 결과적으로 이른바 '반예수회식'의 대표주자인 '파리외방전교회'의 그 선교신학을 기조로 한, Tc의 분위기를 강하게 형성했다. 그러나 종교문화의 이동과 성립이 그렇게 단순히 한쪽 측면에서만 볼 수 없는 것은, 전래자 측의 요소만이 아니라 수용자 측의 요소나 경향도 함께 감안해야 한다는 점이다. 즉 한국가톨릭은 북경 주교와 로마 바티칸이 관여하기 전 단계 자발적 수용의 역사는 완전히 tC의 상태였다. 어떻게 보면, t 영역이 무시될 만큼의 토착성을 지녔다고도 볼 수 있다. 그리고 그 이후 '파리외방전교회'를 주축으로 한, 이른바 선교 프로세스에서 t의 영역이 강하고 깊이 개입된 이후에도, 일정한 측면에서는 내부적으로 상반된 경향을 드러내기도 하였다. 다시 말하면, 전체적으로는 Tc의 방향으로 가닥을 잡았으나, 수용자 측, 즉 한국가톨릭 주도자들의 수용신학 안에서 서로 다른 흐름을 읽어낼 수가 있다. 이는 토착전승을 여전히 중요시하며, 한국의 정치, 사회, 문화에 그리스도교를 적절히 적용하고 변증하며, 그 인증을 얻고자 하는 방향의 '정하상 타입', 곧 tC의 경향, 반대로 서구 그리스도교로부터 출발하는 교회중심주의 가치에 입각하여, 신앙에 반하는 한, 그 어떤 수용자 측의 입장, 가치, 문화, 정치 등 그 일체에 대해 반역을 도모하는 '황사영 타입', 곧 Tc의 경향으로 확연히 나누어지는 것을 확인할 수 있다.

한국가톨릭 초기의 토착적·문화적응적 수용신학의 전통

한국가톨릭 수용의 출발은 철저히 tC의 흐름이었다. 수용자들이 자발적으로 강학회를 열고 신앙실천을 이행할 때 상당히 토착적인 방식의 가톨릭 수용문화를 보인다. 그 대표적 증거가 한국의 전통적 시가문학의 한 형태인 '가사(歌詞)'의 형식을 빌려 신앙고백을 했던 것에서 먼저 찾을 수 있다. 그 중 「천주공경가(天主恭敬歌)」와 「십계명가(十誡命歌)」가 유명하다.

오호라 세상 친구들이여 내 말을 들어보라/ 집안에는 어른 있고 나라에는 왕이 있네/ 내 몸에는 영혼 있고 하늘에는 천주(天主) 있네/ 부모에게 효도하고 왕에게는 충성하네/ 삼강오륜(三綱五倫) 지켜가자 천주공경(天主恭敬) 최고일세/ 나의 몸은 죽어도 영혼 남아 무궁하다/ 인륜도덕(人倫道德) 천주공경 영혼불멸(靈魂不滅) 모른다면/ 살아서는 목석(木石)이요 죽어서는 지옥이라/ 천주 있다 알면서도 불사공경(佛事恭敬) 하지 마라/ 알고서도 아니하면 죄만 점점 쌓여간다/ 죄 짓고서 두려운 자 천주 없다 시비(是非) 마라/ 죄 짓고서 두려운 자 천주 없다 시비 마라/ 아비 없는 자식 없고 양지(陽地) 없는 음지(陰地) 없다/ 왕의 얼굴 못 보아도 나라 백성 아닐까/ 천당지옥(天堂地獄) 가보았느냐 세상 사람 시비 마라/ 천당지옥 가보았느냐 세상 사람 시비 마라/ 있는 천당 모르는 선비 천당 없다 어떻게 알까/ 시비 마라 천주공경 믿어보고 깨달으면/ 영원무궁(永遠無窮) 영광이다 영원무궁 영광이다/ 내 몸은 죽어도 영혼 남아 무궁하다(이벽李檗, 「천주공경가」, 1779, 전문, 오늘날 표기로 바꿈)

이 「천주공경가」는 초기 한국가톨릭 수용의 중심인물 중 한 사람이었던 이벽이 지은 일종의 '찬송가'이다. 그 형식은 철저히 당시 한국문학의 한 형태로서의 '가사', 곧 전형적인 4·4조의 형태를 띤 토착적 문학 양식을 띠었다. 즉 한국문학의 형식에 내용으로는 가톨릭 신앙고백과 그 권면(勸勉)을 담고 있다. 형식뿐만 아니라 내용 중에도 더욱 주목할 점이 있다. 즉 부모에 대한 효도, 임금에 대한 충성, 그리고 삼강오륜, 인륜도덕 등 당시 유교사회의 기존 질서나 가치에 대한 충분한 존숭(尊崇)을 담고 있다는 점이다. 이에 반해 "천주 있다 알면서도 불사공경 하지 마라"라고 하여, 당시 조선 유교사회가 금기시(禁忌視)하고 있는 불교 배척에서는 천주를 아는 이들, 즉 가톨릭이 더 앞장선다는 입장을 피력한 점이다. 이는 강조하자면, 기존 전통적 정치, 사회문화 질서에 더욱 적극적으로 일치하고 있는 가톨릭의 수용신학을 표현한 대표적인 증거가 된다.

이와 더불어 같은 시기에 지어진 다른 '천주가사'로 「십계명가」가 있는데, 이 또한 토착적 수용신학의 대표적 사례이다. 내용은 다음과 같다.

> 세상 사람 선비들이여 우습지 않은가/ 사람 사는 한평생에 무슨 귀신 그리 많은가/ 많은 귀신 모셔보아도 허망하다 마귀미신/ 허위허례(虛僞虛禮) 마귀미신 믿지 말고 천주 믿자/ 죄짓고서 우는 자여 천지신명(天地神明) 왜 찾느냐/ 가난하여 굶주린 자 조물주는 왜 찾느냐/ 음양태극(陰陽太極) 선비들이여 상제상신(上帝上神) 의론하라/ 말이 서로 다를 뿐 이 모두가 천

주이시다/ 천주 이름 거룩하다 계속 말하지 말고 자꾸 논하지도 말라/ 세상 사람 친구들이여 내 말 좀 들어보라/ 일곱 날 중 엿새간은 근면노력(勤勉努力) 다하고서/ 일곱째 날 고요히 천주공경 하여보자/ 갑론을박(甲論乙駁) 쉬지 않고 논쟁구궐(論爭久闕) 무용이다/ 천지고금(天地古今) 만물지사(萬物之事) 부모효도 최고이다/ 인간금수(人間禽獸) 초목만물(草木萬物) 그 아버지 천주이다/ 부모 효도 알고 나면 천주공경 알게 되고/ 영원불멸 큰 은혜 하시필경(何時畢竟) 얻어진다/ 전장(戰場)에서 적을 죽여 충신 된다 하여도/ 또한 내가 갈 길 없어 스스로 자결해도/ 이 모두가 천주 뜻을 알지 못한 죄이다/ 이제라도 천주 뜻을 사람마다 지켜보자/ 이 세상에 내가 남은 것은 천주 뜻과 부모 공이다/ 너희 어머니 다른 이와 외도(外道)한 후 너 낳았다면/ 너는 또한 세상 향해 무슨 행신(行身) 어떻게 할까/ 간음사행(姦淫邪行) 멀리하여 천주 뜻의 인간 되자/ 도적(盜賊)이란 크고 작고 인륜에 큰 죄일세/ 마음속에 도적할 마음 큰 죄되지 않겠느냐/ 도적질해 자손까지 안 망한 자 보았느냐/ 큰 의를 내가 먼저 창창세세(蒼蒼世世) 전해보자/ 국운(國運)이 기울어져 흥망성세(興亡成勢) 뚜렷하다/ 간신소부(奸臣小夫) 서로서로 헐뜯어서 싸움만 한다/ 한 마음 넓게 눈 떠 천주 큰 뜻 알고 나면/ 벌레 같은 인간 세상 큰 뜻이 전혀 없네/ 만인의 소원이란 부귀공명(富貴功名) 재복(財福)이라/ 제일 분수 지켜가고

남의 소유 탐하지 말라/ 만(萬)의 근원이 이로 인하여 생겨난다/ 세상 여러 화근(禍根)들이 필연적으로 과화(過禍)이다(정약전丁若銓, 권상학權相學, 이총억李寵億, 「십계명가」, 1779, 전문, 오늘날 표기로 바꿈)

이 「십계명가」의 주요 내용은 그리스도교의 최고 계율인 십계명을 풀이하고 권면하는 것이다. 그런데 더욱 주목되는 점이 당시 조선 유교사회의 가장 중요한 근본 가치인 효(孝)를 이 「십계명가」를 통해 더욱 강조하고 있다는 점이다. 이는 가톨릭에 대한 일부 오해, 즉 가톨릭은 '무군무부(無君無父)'한 종교요 사상이라는 인식을 불식하고자 하는 의도를 품고 있다. 또한 앞서 「천주공경가」가 조선사회의 금기 중 하나인 불교에 대한 배척을 통해 가톨릭과 조선사회의 공통점을 추론했다면, 「십계명가」에서는 우상숭배(偶像崇拜)에 대한 금지, 즉 조선시대 민간의 '샤머니즘'의 미신을 공통적으로 경계하는 입장에서 주류사회와 종교적 가치관의 일치를 변증하고 있다. 즉 "사람 사는 한평생에 무슨 귀신 그리 많은가"라든가, "많은 귀신 모셔보아도 허망하다 마귀미신" 등은 사실 십계명의 우상숭배 금지를 해석한 내용이기는 하나 당시 조선사회의 민간에서 횡행(橫行)되던 잡신숭배를 금지하는 정부나 유학자들의 입장과 함께하는 자세를 취하는 것이다. 더구나 물질에 대한 탐욕이나 도적질에 대한 훈계, 간음과 사행 금지의 권면 등은 당시 사회질서의 테두리 안에서, 오히려 가톨릭이 더욱 도덕적인 사상, 종교임을 강조하는 토착적인 변증신학이 내재된 증거이다. 이 또한 전형적 가사문학의 4·4조 혹은 3·4조의 문학적 양식을 철저히 지키고 있어, 문학 형식으로서의 토착성도 잘 수용하고 있다.

이상 두 편의 '천주가사'로 예를 들어본 것과 같이, 초기 한국가톨릭의 자발적 수용의 역사에는 철저한 토착 수용의 신학적 방법론이 모색되고 있었다. 즉 한국의 자생적 교회가 북경 주교에게 보고되고, 이것을 계기로 로마 바티칸의 지휘, 통솔을 받기 전 단계까지의 한국가톨릭은 선교신학으로서가 아니라 수용신학으로 '예수회식'의 입장을 견지하고 있었다고 해석할 수 있다. 이 단계까지는 앞서 필자의 이론에 의거하면, 철저한 tC의 상태였다. 그러나 북경교구가 관여하기 시작하고, 유교사회의 전통적 관습 중 가장 중요한 가치로 여기는 조상제사가 금지되면서 흐름은 달라졌다. 특히 '파리외방전교회'가 한국선교를 담당하면서 발휘된 '반예수회식 선교'는 한국가톨릭의 주류 신학을 '울트라몬타니즘'에 가깝게 변화시켰다. 이는 직접적으로 당시 가톨릭의 '반(反)국가적' '반(反)민족적' 특성, 그러한 경향성까지 연결되는 또 다른 수용신학을 창출하였다. 이는 한국가톨릭이 결국

Tc로 귀결된 것이다. 더구나 이러한 수용신학의 차이는 국가의 가톨릭 탄압에 대해서도 철저히 변증하고 설득하는 입장으로 국가적응의 태도를 보이느냐, 반대로 국가를 배반하더라도 교회와 신앙을 지킨다는 교회 중심의 태도로, 즉 외세를 요청해서라도 신앙의 자유를 쟁취하고자 하는 국가배타의 태도로 나누어진다. 앞의 타입이 '정하상 타입'이요, 그와 다른 타입이 '황사영 타입'이다.

정하상과 가톨릭 수용신학에서의 '정하상 유형'

정하상(丁夏祥: 1795~1839. 9. 22)은 한국가톨릭 수용과정에서 가장 유력한 중심 가문 중의 하나인 정약전, 약종, 약용 형제의 정씨 가문 후예이다. 그는 가톨릭을 수용한 삼형제 중 정약종의 차남으로 태어나, 일찍 가톨릭에 입교하였다. 한국가톨릭 창설시기에 신부를 영입하는 운동에 열심을 다해 활동하였고, 북경을 왕래하며 한국가톨릭의 독립교구 창설에도 크게 기여했다. 1816년에 처음 북경교구를 방문하였고, 기회가 있을 때마다 신부영입과 조선교회 설립활동에 적극적으로 나섰다. 마침내 그의 안내로 1834년에는 중국인 신부 유방제(劉方濟)가, 1836년 1월에는 '파리외방전교회' 소속의 프랑스인 신부 모방(P. P. Maubant)이 첫 서양인 신부로서 입국하기도 했다. 그는 한국인 성직자 양성의 중요성을 인식하고, 후배 김대건(金大建)을 마카오신학교로 유학 보내는 일도 주도하였다. 이렇듯 그는 한국가톨릭을 로마교회와의 관계를 통해 공식적인 교회로 수립해나가고자 하는 의지를 지니고 활동한 것은 분명하였다. 그러나 한편으로 되도록이면 한국의 정치, 사회, 문화적 전승에도 잘 적응하는, 원만한 '토착적 교회' 설립에도 큰 기대를 지니고 있었다. 사실 그의 가문은 이러한 토착적 성격의 한국가톨릭 수립에도 개

마카오신학교에서 유학한 김대건.

척자적인 공헌을 해온 가문이었다. 앞서 살핀 것과 같이, 그의 백부(伯父) 정약전은 「십계명가」의 공동저자이며, 숙부(叔父) 정약용은 그 시대 가장 대표적 실학자로서 자주적 사상이 강한 가통(家統)을 형성하고 있었다. 아무튼 그의 적극적인 가톨릭교회 설립과 그 중흥을 위한 여러 활동은 가장 격심한 한국가톨릭 수난기와 겹쳤고, 마침내 1839년 이른바 '기해박해(己亥迫害)' 당시 가족과 함께 순교함으로써 중단되었다. 1925년 그 어머니, 누이동생 정혜(情惠)와 함께 교황 비오 11세에 의해 시복(諡福)되고, 1984년 5월 교황 요한 바오로 2세에 의해 시성(諡聖)되었다. 사실 그는 순교 직전 속성 신학교육 과정을 수학하며 신부가 될 준비를 하고 있던 터였다.

그런데 정하상이 한국가톨릭 역사에 남긴 가장 큰 공헌의 하나는 이른바 tC, 곧 토착적 변증의 수용신학이 잘 드러나 있는 『상재상서(上宰相書)』를 집필했다는 점이다. 그가 재상(宰相) 이지연(李止淵)에게 올린 순한문 3,644자에 달하는 『상재상서』는 당시 유일한 호교론서(護敎論書)로서, 1881년 홍콩교구에서 책으로 발간되어 중국전도에도 널리 활용되었을 정도이다. 사실 이 신학적 변증서인 『상재상서』는 정하상이 체포되어 순교할 것을 예상하고 미리 집필해두었다가, 체포된 후 심문관을 통해 당시 재상 이지연에게 전달한 것이다. 그 주요 내용의 구성은 첫째, 보유론적인 견지에서 천주의 존재를 논하고, 천주십계(天主十誡)를 들어 가톨릭의 실천윤리를 설명하였다. 둘째, 호교론을 전개하여 천주교가 '무군무부'의 종교가 아님을 강조하였고, 셋째, 가톨릭이 유교적 전통에 어긋난 것이 아니며, 사회윤리를 올바르게 하는 미덕이 있음을 변증하여 신앙의 자유를 호소하였다.

> 이 道理를 배우는 이가 앞으로 儒敎에 해를 끼친다는 것입니까. 또 앞으로 백성들을 혼란스럽게 한다는 것입니까. 이 도리는 天子로부터 庶人에 이르기까지 날마다 쓰고 언제나 행하여야 할 도리인 것이니, 害가 된다거나, 어지럽게 한다고 말할 수 없습니다.(정하상, 『상재상서』 중)

이 문서는 상당 부분 보유론적 입장에서 그 논리를 전개하고 있는데, 중국에서 '예수회'가 행한 선교신학의 구도에 거의 일치하고 있다고 할 수 있다. 전형적인 tC의 입장에서 정부로 하여금 가톨릭 박해를 멈출 것을 간청하는 내용이다. 이 문서가 지닌 또 다른 적응성은, 당시 조선정부나 법률, 정치사회적 인식의 범주 안에서 가톨릭을 변증, 설득하고 있다는 점이다. 이는 다음에서 살필, 황사영의 수용신학과는 전적으로 그 차원을 달리하는 점이다.

황사영과 가톨릭 수용신학에서의 '황사영 유형'

황사영(黃嗣永: 1775~1801. 11. 5)은 정하상보다 조금 앞선 시기의 인물이었으나, 정씨 가문과도 밀접한 연관을 맺은 바 있다. 정하상의 아버지인 정약종에게 일찍이 사사(師事)하였고, 정하상의 제일 위 백부인 정약현(丁若鉉)의 딸 명련(命連)과 혼인함으로써 정하상과도 인척간이다. 정하상의 부친 정약종에 의해 가톨릭으로 인도되고, 굳건한 신앙을 지켰다. 1795년 중국인 주문모 신부의 입국 후에 그를 측근에서 도와 한국가톨릭의 기초를 다지는 데 혼신을 다 쏟았다. 1801년 이른바 '신유박해'가 일어나자 충청도 '배론[舟論]'에 숨어 피난하였는데, 이곳에서 북경 주교를 통해 로마 교황청에까지 전달하고자 장문의 편지를 썼다. 곧 '황사영백서(黃嗣永帛書)'다. 이 서신은 북경에 전달하고자 하는 과정에서 발각되어 결국 조선정부의 가톨릭 박해를 가속시키는 빌미가 되었다. 이 사건으로 황사영은 즉시 체포되었고, 서울로 압송, 당시 최고의 형벌에 해당하는 '능지처참'을 당했다.

'황사영백서'는 흰 비단에 1만 3천여 자로 쓴 장문의 서간문인데, 그 내용은 크게 나누어 두 부분으로 되어 있다. 첫째, 당시 신유박해를 중심으로 전개되던 조선정부의 가톨릭 신도에 대한 수난상황을 기록했는데, 중국인 주문모 신부를 비롯한 여러 순교자들의 행적이 상세히 드러나 있다. 둘째, 격심한 박해로 인해 폐허가 된 조선 가톨릭교회를 재건하는 방안을 제시한 것이다. 이 문서의 첫째 부분, 즉 순교상황에 대한 기록은 당시 가톨릭 수난사를 살필 수 있는 중요한 사료가 될 수 있다. 그러나 둘째 부분의 교회 재건 방안은 '울트라몬타니즘'의 전형적인 예가 되는 것으로 여러 관점에서 역사적 비판을 면하기 어렵다. 그는 크게 세 가지 방안을 제안하고 있다. 우선 중국의 황제가 직접 조선의 왕에게 서양 선교사를 받아들이고 가톨릭신앙의 자유를 인정하도록 권면하는 방안이다. 또 다른 것은 중국 황제 측근 중 가톨릭 신자를 조선에 파견하여 서북지역에 '무안사(撫安司)'라는 기관을 설치, 조선의 정치 전체를 감독하게 하는 방식이다. 이는 사실상 자신의 조국인 조선을 완전히 중국의 식민지로 만들고, 사실상의 총독부를 설치하라는 권고이다. 이 방안에는 중국 황제의 딸, 곧 공주를 조선 왕의 왕비로 보내, '부마국(駙馬國)'으로 삼으면 좋겠다는 권면도 덧붙이고 있다. 그러나 가장 문제가 되는 방안은 마지막 세 번째 방안이다. 즉 로마 교황이 결단하여 서양의 함대를 동원하는 방법이다. 서양 군함을 조선에 파견하여 조선정부를 위협하여 가톨릭을 받아들이게 하고, 그 신자들을 보호하도록 하는 요구이다.

북경에도 전달되지 못하고 도중에 발각된 이 '황사영백

서'는 조선정부로 하여금 가톨릭 교인들을 반국가, 반민족적 집단, 정부와 국왕을 능멸하는 무리로 더욱 몰아붙일 수 있는 결정적 근거가 되었다. 더구나 중국인 신부 주문모를 처형한 후 이것이 중국과의 외교문제로 비화될 것을 염려하던 정부로서는 오히려 호재가 된 것이다. 이 '황사영백서'의 내용을 재편집한 이른바 '가백서(假帛書)'와 가톨릭 탄압의 정당성을 서술한 '토사주문(討邪奏文)'을 함께 중국에 보냄으로 오히려 외교적 부담을 덜어내는 근거로 활용하기도 했다. 결국 이 문서는 한국가톨릭 수난사에 있어 불에 기름을 끼얹는 일이 되고 말았다.

위로는 출중한 임금이 없고, 아래로는 어진 신하가 없어 자칫 불행한 일이 있으면, 흙더미처럼 무너져 내리고, 기왓장처럼 부서져 내릴 것이 정녕입니다. 만일 할 수만 있다면 전함 수백 척과 정병 5~6만을 내어 대포 등 강력한 무기를 다량 싣고, 또한 글 잘하고 조리 있는 중국 선비 서너 명을 함께하여 이 나라 해변에 당도, 임금에게 상소하기를, "우리는 서양의 선교하는 배요, 사람이나 재물로 인해 온 것이 아닙니다. 교황의 명을 받들어 이 지역의 영혼을 구원하려 하는 것입니다. 귀국이 한 사람의 선교사를 용납하여 쾌히 받아들인다면 우리는 더 이상을 요구하지 않을 것이요, 한 발의 탄환이나 한 대의 화살도 쓰지 않고, 티끌 하나 풀 한 포기 상치 않을 것이며, 우호조약만 체결한 뒤 북 치고 춤추며 돌아갈 것입니다. 그러나 만약 주의 사자를 받아들이지 않는다면, 마땅히 주가 내리는 벌을 받들어 행할 것인즉 우리는 죽어도 발길을 되돌리지 않을 것입니다."
('황사영백서' 중)

황사영의 수용신학은, 앞서 필자의 이해방식 이론을 적용하면, 전적으로 Tc, 혹은 아예 c가 무시되거나 상실된 극단적인 t, 곧 '텍스트' 중심의 사고이다. 이러한 수용신학은 아무리 제국주의 선교시대에, 이른바 힘의 우위를 바탕으로 한 전래자 중심의 선교방법론의 실천 중에서도 좀처럼 채택하기 어려운 구도이다. 이것을 더욱이, 반대로 수용자 측에서 직접 제안했다는 점은 깊은 성찰이 필요한 독특한 사례가 아닐 수 없다. 물론 혹독한 수난 중에 제시된 것이라고는 해도, 그 정도가 지나친 경우라 아니할 수 없다. 결과적으로도 이것이 한국가톨릭교회의 중흥이나 '신교자유(信教自由)'의 계기가 된 것이 아니라, 일정 기간 더욱더 한국가톨릭 '피의 역사'를 가중시키는 원인이 되었다.

한국가톨릭의 수난과 신교자유 과정

한국가톨릭 박해사 개요

한국가톨릭의 역사는 '피의 역사'이다. 가톨릭교회는 종교개혁 이후 세계선교를 다시 시작했는데, 그 선교역사상 한국가톨릭사와 비교될 수 있는 순교와 수난의 선교사는 다른 유례를 찾아볼 수 없을 정도이다. 한국의 경우와 유사한 수난의 역사를 비교해볼 수 있는 거의 유일한 지역으로 수난시대 일본의 가톨릭역사, 즉 '기리시단 순교의 역사'와 '잠복(潛伏) 기리시단'의 전승 정도를 떠올릴 수 있다. 그러나 일본의 '기리시단 수난사'마저도, 집중적인 수난의 참혹한 상황적 강도(强度), 무엇보다 순교, 수난자의 수에 있어 한국가톨릭의 수난사와는 비교할 수가 없을 것이다.

한국가톨릭의 순교, 수난의 역사는 거듭되는 '교난(敎難)' 과정을 통해 나타나는데, 각 박해 때마다 그 규모가 상상을 초월하는 수준이다. 시대별 박해의 순서로 볼 때 조선시대의 것으로는 제일 마지막 박해인 '병인박해(丙寅迫害)', 곧 1866년부터 1873년까지 7년 동안 진행된 고종대의 박해에서만 해도 8,000명이 목숨을 잃었다. 그 이전 여러 차례의 박해에서 순교한 이들의 수를 전부 추산하면, 1만 5,000명은 충분히 넘을 정도이지만 정확한 숫자는, 전체적인 자료의 부족으로 통계를 내기가 불가능하다. 다만 상징적인 것이지만, 몇 차례의 박해 때 숨은 기록자들이 필사적 노력으로 남긴 자료를 근거로 로마 교황청이 선정한 순교복자(殉敎福者), 뒤이은 순교성인의 수를 살피는 것만으로도 그 박해 규모를 예측하고도 남음이 있다. 즉 한국가톨릭 역사에서 순교성인으로 시성된 순교자는 현재까지 103위로, 1984년 5월 6일 교황 요한 바오로 2세가 시성식을 주관했다. 이는 순교성인의 경우로는 세계 가톨릭 역사상 최대 규모이며, 앞으로도 자료의 발굴에 따라 더 증가될 가능성도 있다.

그런데 비교적 짧은 한국가톨릭의 역사에서 어떤 연유로 그토록 많은 순교자가 나오고, 수난의 폭이 컸을까. 이미 앞서서 일부 살핀 바 있으나, 크게 두 가지의 이유로 집약해볼 수 있다.

첫째, 조선시대 한국가톨릭 역사는 이른바 유교근본주의와 가톨릭근본주의가 정면으로 대결한 심각한 갈등의 역사였기 때문이다. 즉 가톨릭 수용기의 조선은 강력한 유교를 바탕으로 하는 종교국가였다. 중국에서 시작된 종교 혹은 철학으로서의 유교가 국가의 정신적 기반가치, 통치윤리, 가치관의 절대적 근본 바탕으로 구현된 나라는 조선왕조밖에 없다. 조선왕조는 형식에서든, 실제에서든 유교를 국가의 종교 혹은 근간 이념으로 지켰다. 이에 조선에서는 유교를 정학(正學)으로 불렀다. 한편 조선에 전래된 가톨릭의 선교신학 또한 상대적으로 가장 보수적 가톨리시즘(Catholicism), 곧 근본주의적 선교신학을 지닌 '파리외방전교회'가 담당하였다. 역사적으로 문화적 적응의 폭을 지녔던 '예수회'는 이미 해산된 이후, 강력한 '울트라몬타니즘'을 신봉하던 보수적 선교단체가 한국선교를 담당한 것이 한국가톨릭 역사를 '피의 역사'로 형성하게 된 중요한 요인의 하나이다. 곧 극(極)보수적 유교국가와 가장 보수적 가톨리시즘이 진검승부를 펼친 장(場)이 조선이었다.

둘째, 조선왕조는 특히 중후기에 이르면서 강력한 당파정치의 왕국이었다. 유교를 기반으로 한 통치철학에서의 일부 견해 차이가 유학자이자 정치가들인 권력집단을 학파처럼 나누었고, 그것이 상호권력쟁취과정을 거치면서 철저한 파벌로 구축되었다. 그런데 그 파벌 간 갈등과 가톨릭에 대한 인식의 태도가 깊이 연동되는 현상을 보인 것이다. 특히 가톨릭을 수용하고 이를 새로운 학문 혹은 신앙적 가치로 신봉하게 된 그룹이, 특정한 당파와 밀접한 관계를 맺게 되면서, 가톨릭을 둘러싼 정치적 쟁점은 더욱 심화되었다. 이 과정에서 단순히 종교 신앙 간의 충돌이나 사상적인 갈등보다는 정치적 이해득실 혹은 정치적 정쟁(政爭)의 중요한 대척점(對蹠點)으로 가톨릭에 대한 일정 부분의 허용, 혹은 반대로 전면 금교(禁敎)라는 상반된 정책이 대립한 것이다. 대부분의 경우 종교박해나 신앙탄압의 중요 요소로 정치사회적 문제가 개입되는 것이 보통이기는 하나, 조선왕조의 가톨릭 박해역사는 그것이 그대로 직접적인 정치적 갈등사와 궤를 함께한다고 보아도 틀림이 없다. 더구나 가톨릭이 결국 외래종교 신념이기 때문에 또한 쇄국의 기틀이 강고하던 조선의 정치외교에서 강력한 보수 쇄국과 일부 유연한 대외정책의 선택을 두고도 가톨릭에 대한 강온(强溫) 태도가 드러나는 연동성을 보였다.

이상이 크게 획정할 수 있는 조선시대 가톨릭 수난역사의 중요 배경이 된다. 이러한 한국가톨릭 수난의 역사는 조선

말기 대외개방의 방향으로 정책기조가 전환되면서, 그리고 마침내는 국권상실의 위기가 닥치면서 한국가톨릭의 신교자유(信敎自由)는 실현되었다. 한편 수난의 구도와 성격은 전혀 다른 경우이지만, 현대사의 사건으로 한국의 분단과 전쟁 중에 한국가톨릭은 일정 부분 또다시 수난의 역사를 경험하였다. 이 부분에 대해서는 전후 현대 한국가톨릭 역사를 기술하면서 한 부분으로 첨부 서술할 예정이다.

한국가톨릭의 첫 박해

초기 한국가톨릭은 일부 양반 학자, 즉 대부분 실학자들 사이에 학문적 관심으로 수용되었다. 처음에는 그들 자신도 이를 신앙실천의 단계에 이어 종교 신념으로 신봉하는 것은 미처 예상하지 못했던 것으로 보인다. 그러나 강학회 등을 거치면서 점차 신앙공동체로 발전하였고, 이른바 선교사 입국 이전에 '가성직제도'를 통해 가톨릭교회를 창설하였다. 이러한 내막을 정부 당국은 상세히 파악하고 있지 못했는데, 그것이 드러난 것이 이른바 1785년의 '을사추조적발사건'으로 불리는 '명례방(明禮坊: 현재의 명동)사건'이다. 명례방에 가톨릭에 입교한 중인 계급 김범우의 집이 있었는데, 여기서 가톨릭 교인들이 함께 드리는 미사가 관헌에게 발각된 것이다. 사실 가톨릭 미사를 처음 보는 이들은 그것이 도대체 무엇을 의미하는지 알기 어렵다. 여럿이 둘러앉아 성체배령(聖体拝領)을 행하고 교리공부와 강론을 듣는 일은 생소하기 그지없는 일이다. 처음 이를 본 관헌들은 놀음을 하고 있는 것으로 오해를 하였다고 전한다. 그러나 현장에서 가톨릭서적, 성화(聖畵) 등이 발견되면서, 국가가 금지하는 종교행위가 진행되고 있었음이 파악되었던 것이다. 장소가 중인 김범우의 집이었으나, 참여자로는 초기 한국가톨릭 수용자인 이벽, 이승훈, 그리고 정약전, 정약종, 정약용 삼형제, 권일신, 권상학 부자 등 양반이 대부분이었다. 이 상황을 보고받은 당시 형조판서(刑曹判書: 현재의 법무장관) 김화진(金華鎭)은 유력한 양반들을 처벌하는 데 부담을 느꼈다. 이에 양반들은 일단 훈방조치하고, 중인 계급의 집주인 김범우만 체포, 구금하였다. 그 후 김범우는 유배형을 받았다가 1년 후 유배지에서 처형되었는데, 공식적으로 한국가톨릭 역사의 첫 순교자가 되었다.

이 사건은 이후 보수 유학자들에게 가톨릭에 대한 경계심을 불러일으키는 계기가 되었고 본격적인 가톨릭 탄압의 서막이 되었다고 볼 수 있다. 이후 가톨릭을 반대하는 보수 유학자들은 가톨릭 배척의 변증적 논리를 세우고, 금지의 명분을 세우는 본격적인 활동에 들어가기도 했다. 즉 가톨릭을 사학(邪學)으로 규정하였고, 이른바 '위정척사'(衛正斥邪: 정학인 유교를 지켜 사학인 가톨릭을 배척한다는 의미인데, 후에 외세를 반대하는 쇄국논리로도 사용됨)의 근간을 세운 출발이었다고 할 수 있다. 한편 2년 후인 1878년에는 다시 일부 가톨릭 신도들이 교리공부를 하는 것이 발각된 이른바 '정미반회(丁未泮會)사건'이 일어나자 보수적 유학자들뿐만 아니라 중앙정부 차원에서도 가톨릭 금교정책을 확인하고 중국으로부터 가톨릭서적의 유입을 엄금하는 명령이 발포(發布)되기에 이르렀다.

조상제사 문제와 진산사건

조선왕조의 보수적 유교의 실천윤리에는 효가 가장 큰 관건이 되는 가치였다. 국가에 대한 충성이나 인륜의 도리도 여럿 중요시되었지만, 가장 중요한 덕목은 역시 부모에 대한 효였다. 즉 다른 윤리덕목이나 가치가 이 효와 상충될 시에는 무엇보다 우선적으로 효를 선택하고 이행하는 것을 가르침으로 실천했다. 심지어 왕과 국가에 대한 충성보다 이것이 우선했으며, 왕과 신하, 백성의 관계도 그 바탕에 효의 덕목으로 유추하여 관계를 설정하는, 효를 기본가치로 하는 사회였다. 그런데 그 효를 실행하는 항목 중에도, 살아 계신 부모에 대한 효행도 물론 중요하지만 죽은 부모를 향한 상례(喪禮), 제례(祭禮)를 정성을 다해 받드는 것이 모든 것에 앞서는 실천의무였다. 이에 심지어 조선은 조상제례를 근본윤리로 하는 국가로 보아도 틀림이 없을 정도였다. 즉 조선의 국교로서 유교는 유교형식으로 잘 정형화된 조상숭배의 종교라고 보아도 될 정도이다.

그런데 한국에 수용된 가톨릭은 이런 제례, 곧 조상에 대한 제사를 우상숭배로 보아 이를 금지하는 입장을 취했다. 이는 그대로 조선왕조와 국교로서의 유교의 정수리를 정면으로 공격하는 대립주제였다. 이렇게 보면, 조선시대 가톨릭 수난의 역사에서 여러 가지 종교, 문화, 정치사회적 갈등 부문을 거론할 수 있지만, 가장 근본적 갈등의 내용은 조상제사를 둘러싼 대립에서 찾는 것이 가장 명확한 일이다.

이러한 실질적 갈등 내용을 정제해나가다 보면, 조선에 선교된 가톨릭 선교신학의 특성과 그 수난사의 상관관계가 더욱 뚜렷이 드러난다. 사실 일본에 처음 선교하고, 나중에 중국선교에서 꽃을 피운 '예수회'는 동양의 전통적 가치나 윤리, 특히 유교의 조선숭배 등에 대해서 어느 정도 관용적이었다. 보유론적 선교 혹은 적응주의 선교에서 조상제사 등은 특별한 문제가 안 될 수도 있었다. 그러나 시기적으로 이러한 '예수회'가 선교신학 논쟁, 즉 200여 년에 달하는 '전례논쟁(典禮論爭)'에서 패퇴하고, 로마 교황청에 의해 해산된 이후에 한국선교는 이루어졌다. 물론 '예수회'에 의해 작성된 가톨릭서적을 통해 가톨릭을 탐구하고 수용한 초기 한국 가톨릭 수용자들은 자신들의 신앙실천과 유교적 조상숭배가 상충된 것이라고 이해하지 않았다. 이러한 상황에서 북경교구의 새로운 입장, 특히 조상숭배가 우상숭배에 해당되는 것으로 가톨릭신앙과 양립할 수 없다는 '예수회' 이후의 가톨릭 선교정책에 의한 포교지침을 통보받은 한국의 자발적 신자들 다수가 신앙공동체를 떠날 수밖에 없었다. 즉 조선의 가톨릭 초기역사에서 가톨릭 수용자들은 조상제사와 가톨릭 신앙 중 양자택일을 해야 하는 상황이 벌어지고 만 것이다.

바로 이러한 정면 대결의 첫 사건이 이른바 윤지충(尹持忠), 권상연(權相淵)의 '진산사건'이다. 전라도 진산(珍山)의 양반귀족이던 이들이 가톨릭을 신봉하며, 1790년 말 북경 주교의 조상제사 금지령에 의거 제사를 폐지하고, 신주(神主: 제사를 지낼 때 사용하는 죽은 이의 위패)를 땅에 묻어버렸다. 이것이 이듬해인 1791년에 세상에 알려졌고, 마침내 체포되어 문초를 받았다. 그 과정에서 이들은 가톨릭신앙을 끝까지 석명(釋名)하며 의지를 굽히지 않다가 마침내 참수형으로 순교하였다. 양반 가톨릭 교인에 대한 최초의 공식박해이며, 순교사건인데 당시 조선조정과 사회, 특히 보수적 유학자들은 이들의 죄목을 '멸륜패상(滅倫敗常)과 무군무부(無君無父)의 난행(亂行)'으로 규정하였다.

이 사건은 한국가톨릭 최초의 양반귀족 계층의 순교 수난사인 동시에, 가장 큰 위기의 순간이기도 했다. 즉 한국의 초기 양반 학자 계급의 가톨릭 교인들은 사실상 '예수회'의 선교신학에 입각한 '보유론적 입장'으로 자신들의 가톨릭 수용을 이해하였다. 따라서 유교의 근본적 형식윤리, 특히 조선사회가 가장 중요시하던 조상제사와 가톨릭 신앙실천은 병행과 양립이 가능한 일로 여긴 것이다. 그러나 '예수회' 해산 이후의 보수적 가톨릭의 입장이 북경 주교의 가성직제 불가처분, 조상제사 금지가 교령(敎令)으로 전해진 후부터 동요하기 시작했다. 그리고 마침내 '진산사건'으로 이는 목숨이 좌우되며, 조선 유교사회의 근간이 뿌리째 흔들리는 일이 된다는 것을 실감하면서 거의 다수의 양반귀족 가톨릭 수용자, 즉 '유교적 가톨릭 신자'들이 신앙을 떠나고 오히려 보수적 가톨릭을 비판하는 입장으로 선회한 것이다. 이런 한국가톨릭 초기사의 위기를 지켜간 이들이 중인 계급의 신자들이었고, 이들은 흩어진 교인들의 규합과 사제영입운동을 통해 한국가톨릭 재건운동에 적극적으로 나선 것이다.

중국인 주문모 신부의 순교와 신유박해

항상 놀라운 역사로 회상되는 일이지만, 한국의 가톨릭 초기사는 한 사람의 성직자, 선교사도 없이 자발적으로 창설된 교회이다. 심지어 선교사 파송도 없이 설립된 교회에서 이미 순교자들도 나온 것이다. 단지 북경 주교로부터 인편으로 하달된 포교지침에 의거하여 신앙을 증거하다가 순교까지 한 것이다. 이런 한국가톨릭의 상황에 놀라움을 금치 못하던 북경교구에서는 마침내 신부파송을 실행하였다. 물론 거기에는 한국가톨릭 교인들의 헌신적인 신부영입운동이 있었던 것은 물론이다. 그러나 서양인 선교사를 당시 조선에 파송하는 것은 여간 위험한 일이 아니었다. 우선 외모에서 뚜렷이 드러나는 관계로 한국에서의 활동 자체가 불가능할 정도였을 것이다. 이에 생김새가 유사한 중국인 신부가 파송되었는데, 곧 주문모 신부이다. 1794년 12월 한국인 가톨릭 신자들의 안내로 입국하였다. 이듬해인 1795년 주 신부는 서울에 도착하였고, 한국어 공부와 함께 비밀리에 성사를 집행하였다. 신부가 직접 성무를 수행하고 포교에 나선 한국가톨릭은 앞서의 위기상황에서 거의 붕괴 직전이었던 단계를 어느 정도 벗어나기 시작했고, 조금씩 교세가 확장되기도 했다. 그러나 가톨릭을 경계하던 조선조정은 이미 주문모 신부의 입국 사실을 파악하고, 그의 체포령을 발령하였다. 직접적으로 주 신부를 체포하기 전에도 관련된 다수의 가톨릭 신자들이 잡혀 처형되는 형편이었다.

주 신부는 열렬한 신앙을 지닌 핵심 교인들의 도움, 특히 여성신도인 강완숙의 적극적 헌신으로 철저히 몸을 숨긴 채 사목활동을 계속하여 어느 정도 한국가톨릭의 기틀을 마련해나갔다. 이에 다수의 신자들이 확보되었고, 그동안 신앙공동체를 떠났던 배교자들도 서서히 다시 신앙을 회복하는 모습을 모였다. 특히 '명도회(明道會)'라는 교리연구회를 조직하여 지속적 신앙훈련이 가능하도록 제도적인 부분도 정비해나갔다. 되도록 전국 각지를 돌며 신자들을 돌보는 광폭행보를 보였다.

이렇듯 주문모 신부가 비밀리에 활동하는 동안, 그가 입국하기 전 4,000명 정도로 추산되던 신자 수가 활동 수년 만에 1만 명 정도로 늘어나게 되었던 것에는 당시의 정치적 상황도 깊은 연관이 있다. 즉 당시 정치주도권을 쥐고 있던 당파가 이른바 '남인시파'였는데, 이들은 가톨릭에 대해 관용과 묵인 정책을 채택한 당파였다. 그러나 당시의 왕 정조가 급서한 후 상황이 바뀌었다. 즉 어린 순조(純祖: 재위 1800~1834)가 즉위하고, '노론벽파'가 집권하면서 가톨릭에 대한 태도가 완전히 반대로 변한 것이다. 어린 왕 순조의 섭정은 정순왕후가 맡았는데, 그녀는 남인시파와 연계된 가톨릭 교인의 색출과 처단을 치밀하게 주도하였다. 이 박해는 집권 다음 해인 1801년 신유년(辛酉年)에 들어 절정에 올라 이 시기 박해를 '신유박해'로 부르는 것이다. 특히 이른바 '오가작통법(五家作統法)'을 실시하였는데, 각 마을마다 다섯 가구를 한 단위로 묶어 서로 감시하며 가톨릭 신자를 색출하는 '저인망식' 가톨릭 탄압 방법이었다. 이 시기에 당시까지 한국가톨릭을 실질적으로 주도하던 대표적 지도자들이 거의 체포되었다. 즉 초기 가성직제도를 마련하여 선교사 입국 이전 이미 한국가톨릭교회를 창설했던 주도자들이 거의 참수되거나 먼 곳으로 유폐되는 참담한 상황에까지 이르렀다. 즉 이승훈, 정약종, 최창현, 최필공, 홍교만, 홍낙민 등은 목이 잘려 순교했고, 권철신, 이가환은 옥사했으며, 정약용, 정약전 형제는 유배형을 받았다. 이러한 박해는 전국적으로 확산되어나갔다. 당시 조정의 또 다른 목표는 주문모 신부를 잡아들이는 것이었다.

1801년 3월 주 신부는 먼 지방까지 피신하였으나, 자신으로 인해 더 많은 신도들이 수난을 입는 것을 목도, 마침내 스스로 자수하였다. 그리고 4월 참수된 후, 이른바 '군문효수'(軍門梟首: 죄인의 목을 베어 군문 앞에 매다는 일이나 그러한 형벌로, 이는 죄인의 형벌을 널리 알려 일반에 두려움을 확산시키는 방식이었다)에 처해졌다. 물론 그를 도와주거나 숨겼던 여러 신도들도 함께 처형되었다.

주문모 신부의 체포, 처형을 전후한 한국가톨릭 수난에서 목숨을 잃은 신도 수는 300명이 훨씬 넘는데, 특기할 것으로는 그중 여성신자들이 70여 명에 이르며, 양반, 평민, 심지어 천민까지 수난자에 포함되었다는 것이다. 이는 한국가톨릭의 수난역사에서 이미 가톨릭이 조선 전통사회에서의 신분혁명이나 사회변혁의 주체가 되었음을 짐작할 수 있는 일이다. 즉 가톨릭 신앙공동체는 신분의 고하를 막론한 공동체였고, 그것은 이들 순교자의 면면에서도 여실히 드러난다. 또 한 가지는 이들 가톨릭 수난자들과 함께 신앙공동체와 직접 관계가 없는 정치적 반대세력도 모두 제거되는 상황을 확인할 수 있다는 점이다. 이는 한국가톨릭 수난사가 지닌 정치적 갈등 성격을 말해주는 한 증거이기도 하다.

한편 가톨릭 수난의 대대적이고 본격적인 박해사건인 신유박해는 이른바 '황사영백서사건'으로 새로운 국면에 접어들게 된다. 이 사건에 대해서는 이미 앞서 자세히 살핀 바 있다. 당시 조정은 황사영의 백서를 통해 아무리 신앙의 자유를 위한 것이라고는 하지만, 가톨릭 신앙공동체가 국가를 부정하고 왕권에 정면으로 도전하는 대역부도(大逆不道)의 무리라는 것을 더욱 확신하는 계기로 삼았다. 당사자 황사영은 능지처참(陵遲處斬: 대역죄를 지은 죄인의 머리, 몸뚱이, 팔, 다리를 토막 쳐서 죽이는 극형)을 당했고, 그와 관련 있던 신도들도 모두 처형되었다. 결국 이 사건은 신유박해 과정에서 불길에 기름을 끼얹는 일이 되었으며, 이로 인해 박해는 더욱 확산되었다.

신유박해 중에 대두된 황사영백서사건으로 처형된 이가 100명이 넘고, 유배된 자가 400여 명이었으며, 겨우 목숨을 건지고 체포를 면한 신도들은 산간벽지로 피신, 화전민이 되거나 옹기를 굽는 것으로 연명하는 신세가 되었다.

한편 당시의 조선정부는 중국인 주문모를 처형한 것을 두고, 일정 부분 꺼림칙한 점이 없지 않았다. 자칫 중국과의 외교문제가 발생할 소지도 있었기 때문이다. 그러나 황사영백서사건은 이를 석명(釋明)할 좋은 빌미가 되었다. 이에 정부는 황사영백서의 주요 부분을 정리한 '가백서(假帛書)', 그리고 가톨릭 박해의 정당성을 주장한 문서로서 '토사주문(討邪奏文)'을 작성, 중국에 보내기도 하였다. 그리고 이를 근거로 '척사윤음(斥邪綸音)'을 백성들에게 공포하여 가톨릭 금지의 입장을 더욱 공고히 하였다. 이로써 한국 초기 가톨릭은 거의 붕괴되고, 정치적으로 가톨릭 지원 파벌이었다고 볼 수 있는 남인시파는 대부분 궤멸(潰滅) 상태에 빠질 정도로 큰 타격을 입었다.

가톨릭 '조선교구' 창설 이후 기해박해와 병오박해

그러나 교회사는 위기와 수난 중에도 새로운 생명력을 꽃피워내는 것을 자주 발견한다. 신유박해로 붕괴 직전까지 이르렀던 한국가톨릭교회도 끈질긴 회생력을 발휘한 것이다. 신유박해 직후에는 신앙공동체는 고사하고, 서로 만나거나 연락하는 것조차 불가능한 잠복 상태로 지내야 했다. 그러나 점차 시간이 흐르면서 벽지에 모여 살던 신도들이 '교우촌'을 형성하고, 배교하고 떠났던 교인들도 하나둘 모여들면서 신앙공동체 재건이 시작된 것이다. 그리고 이들은 비밀리에 북경교구에 연락을 취하여, 박해 이후 10년 정도가 흐른 1811년 새로운 신부파송을 요청하기에 이르렀다. 그러나 이러한 요구는 곧바로 시행되지 못했다. 한국가톨릭의 사정뿐만 아니라 당시 중국의 가톨릭 상황, 더 멀리는 로마 교황청의 입장도 쉽게 새로운 선교사 파송이나 한국가톨릭 재건을 추진할 만큼 유리한 형편이 아니었던 것이다.

그러나 수난의 역사를 넘어선 한국가톨릭 신도들의 끈질긴 열망은 마침내 로마 교황청과 당시 교황 레오 12세의 마음을 움직였다. 새로운 선교지로서 조선을 적극 검토하고, 그 담당을 파리외방전교회에 맡겼으며, 마침내 1831년 9월 9일 정식 교구(diocese)는 아니지만, 조선대목구(代牧區: vicariat apostolic)를 선포한 것이다. 이제 조선은 북경교구에 소속된 가톨릭 관할 지역이 아니라 교황청이 직접 관리하는 독립교구가 된 것이다. 그에 앞서 파리외방전교회 소속의 브뤼기에르(Barthélemy Bruguiére) 신부가 초대구장으로 임명되었다. 그러나 그는 결국 자신의 교구인 조선에 입국하지 못하고 세상을 떠났다.

그런데 한국가톨릭 수난사를 통해 볼 때 중요한 특징을 재론하지 않을 수 없다. 즉 한국가톨릭의 새롭게 창설된 교구의 포교와 사목을 프랑스의 파리외방전교회가 맡게 되었다는 사실이다. 당시 세계 여러 곳에서 활동하던 여러 가톨릭 선교회의 신교신학 특징을 분석해볼 때 파리외방전교회는 가장 보수적인 입장을 견지한 선교단체였다. 그들은 대부분 '울트라몬타니즘'에 가까운 가톨릭근본주의자들로 선교지에서 문화적 적응을 인정하거나 신학적 유연성을 보이기는 어려운 선교단체였다. 이는 그대로 그 이후 한국가톨릭의 지속되는 순교, 수난의 역사와 직결되는 항목이 아닐 수 없다. 선교신학 혹은 선교방법론으로 보면, 이들 파리외방전교회 계열의 선교사들은 가톨릭 박해 지역에 파송되어 활동할 때, 현지상황에 적응하고 오랫동안 살아남아 선교하겠다는 입장보다는, 결과적으로 보면, 목숨을 걸고 경우에 따라서는 피를 뿌리며 죽어서 선교하겠다는 자세가 엿보인다는 점이다. 이러한 특징은 이후 한국가톨릭 수난사에서 여실히 드러나는 특징이다.

그리고 또 다른 측면이겠으나, 파리외방전교회가 한국가톨릭의 주축이 되면서, 한국가톨릭 역사는 정치외교적으로 유럽의 프랑스와 연관을 맺었고, 이는 가톨릭의 신앙자유가 인정될 시기까지 안팎의 정치적 정세에 깊숙이 연동되는 대외조건이 되기도 하였다.

아무튼 교구 창설 이후 한국에 처음 입국한 파리외방전교회 선교사는 1836년 1월에 온 모방(P. P. Maubant) 신부였다. 이어 이듬해 1월에는 샤스탕(J. H. Chastan) 신부, 같은 해 12월에는 교구장 앵베르(L. M. J. Imbert) 주교가 입국함으로써 한국가톨릭 재건의 바탕이 마련되었다. 이들의 적극적인 사목활동에 힘입어 1838년 무렵에는 신도 수가 9,000여 명에 이르면서 거의 신유박해 이전 상태를 회복하였다. 그리고 더욱 의미 있는 일은 1836년 말 한국인 신자 중 김대건, 최방제, 최양업이 사제를 지망하여 마카오로 신학 유학을 떠난 것이다. 이러한 가톨릭의 재흥은 한국인 신자들의 적극적인 교회재건운동, 입국한 프랑스인 성직자들의 헌신적 노력의 결과이기도 했지만, 이 시기 조선정부의 가톨릭 탄압에 대한 소극적 태도와 수난의 소강상태도 큰 몫을 하였다. 즉 각 지방관헌들에 의한 소소한 박해는 있었지만, 중앙정부 차원의 대대적 박해는 일어나지 않았던 것이다.

그러나 이러한 평온은 오래가지 못했다. 조선 후기로 접어든 당시의 정치상황은 종래의 당파 간 경쟁과 권력쟁취 다툼이라는 갈등 형태에서, 이른바 세도정치(勢道政治)의 시대로 접어든 것이다. 이는 곧 일정한 사상, 유교적 윤리실천의 해석 차이가 기반이 되고 이어 학파, 인맥이 연관된 당파, 즉 어느 정도의 명분이 확보된 정파 간 경쟁체제에서 가문과 혈연이 중심이 된 유력한 성씨(姓氏) 일파 간의 권력다툼을 의미한다. 구체적으로 이 시기 등장한 세도정치의 유력한 대립은 안동 김씨(安東 金氏)와 풍양 조씨(豊穰 趙氏) 간의 갈등이었다.

안동 김씨가 권력을 장악하고 있을 때 가톨릭 박해가 어느 정도 소강상태였다. 그러나 1839년경 풍양 조씨가 새롭게 권력을 장악하면서, 정치적 상황이 일변하였다. 이들은 강력한 가톨릭 경계 태도를 보였고, 마침내 큰 규모의 '피바람[血風]'이 다시 일어났다.

1839년 조선정부는 '사학토치령(邪學討治令)'을 발포하였다. 골자는 종래의 '오가작통법'을 다시 가동하여 가톨릭 신자를 발본색원한다는 것이었다. 1839년 기해년(己亥年)에 시작되었다 해서, 기해박해라 부른다. '사학토치령'과 함께 다수의 한국인 가톨릭 신자들이 잡혀 심문을 받고, 처형되기 시작했다. 그러나 기해박해에서 가장 중요한 사건은 앞서 입국한 파리외방전교회 소속 세 명의 선교사가 모두 잡혀 참수형을 당했다는 것이다. 먼저 앵베르 주교가 체포되었고, 주교의 서한을 받은 모방과 샤스탕 신부도 자수하였다. 조선정부는 이들을 국사범(國事犯), 즉 정치적 반역자로 다스렸고, 1839년 9월 처형하였다. 외국인 성직자들까지 처형한 마당에 조선정부의 가톨릭 박해는 거칠 것이 없었다. 당시 상황을 기록한 순교 자료인 『기해일기(己亥日記)』에 의거하면, 기해년에 참수된 이가 56명, 옥사한 이가 22명이었다.

한국가톨릭의 수난은 파도처럼 반복이 되었지만, 이미 조선 민중의 중요한 종교 신앙의 흐름으로 자리한 가톨릭교회를 완전히 제압하기는 불가능해 보였다. 또한 이미 독립적인 교구로 조선교회를 인정한 로마 교황청도 주교와 신부가 처형되었다고 해서 그 교회를 포기할 수는 없었다. 1843년 앵베르 주교 후임으로 페레올(J. Ferreol) 주교를 임명했고, 함께 활동할 선교사로 매스트르(A. Maistre) 신부가 임명되었다. 게다가 한국인 신자 중에 사제를 지망했던 이들 중 김대건이 사제서품을 받고, 한국선교사로 파송된 다블뤼(M. A. N. Daveluy) 신부 등과 함께 1845년 8월 입국하였다. 한국가톨릭은 수난 중에 있었지만, 이제 최초의 한국인 출신 신부를 보유한 교회가 된 것이다. 그러나 박해의 광풍은 여전하였다.

김대건 신부는 입국 이듬해인 1846년 6월 다수의 신자들과 함께 황해도에서 체포되었다. 김 신부 등의 체포로 새로운 박해가 시작되었는데, 이를 병오년(丙午年)에 재개되었다고 해서 병오박해라고 부르기도 한다.

기해박해로부터 병오박해로 이어진 1830~1840년대의 박해는 지역적 편차가 거의 없는 전국적 박해라는 것, 체포되어 처형된 가톨릭 신자들도 프랑스인 주교와 신부, 한국인 신도가 망라되었으며, 한국인 신자들 중에서도 양반귀족, 중인, 평민, 그 밖의 다수 민중들로 신분의 구분도 크게 없었다는 점이 특징적이다. 특히 이 시기에 일반 민중과 부녀자들 중 순교자가 다수 나왔다는 점은 박해의 범위 확산인 동시에 한국에 뿌리내린 가톨릭의 '민중화 현상'을 여실히 드러내는 반증이기도 했다.

조선시대 마지막 가톨릭 박해인 병인박해와 신교의 자유

앞서 조선 후기의 정치가 당파 간 권력 쟁투가 아니라 유력한 성씨 간의 정권다툼인 세도정치의 시대로 들어섰다는 점을 전제한 바 있다. 1844년 제25대 왕 철종(哲宗)이 즉위하면서 권력이 풍양 조씨에서 안동 김씨로 다시 넘어갔다. 이는 앞서의 정권교체에서 가톨릭이 심각한 수난에 직면했던 것과 반대로 어느 정도 가톨릭교회에 숨통이 트이는 분위기가 조성된 것이다. 이후 한국가톨릭은 약 20년 간 놀라운 발전을 기록했다.

제3대 주교로 임명되었던 페레올 주교, 그리고 그의 병사로 1853년에 제4대 교구장 주교로 임명된 베르뇌(S. F. Berneux) 주교와 다수 파송된 선교신부들의 활동으로 점차 교회도 안정되고 신자도 급증하는 현상을 보였다. 기해, 병오박해 직후 1만 명이 채 안 되던 신도 수는 1865년에 2만 3,000명으로 증가하였다.

당시 한국가톨릭은 단순히 신자 수만 증가하는 양적 성장만 보인 것이 아니라, 국내에 신학교를 설립, 한국인 사제 양성을 본격화하였고, 한글로 여러 교리서를 간행했으며, 그 이전의 순교, 수난사가 중심이 되는 역사서의 편찬에도 박차를 가했다. 특히 한국가톨릭이 독립적 교회로서 정체성을 확립하는 근거가 된 한국인 신자들의 고백적 교리문서, 전도문서 등 10여 종이 넘는 서적을 출판한 것은 높은 역사적 평가를 받을 만하다. 이는 가톨릭의 발전뿐만 아니라 한글문서를 통한 한국의 민중문화 창달, 그것을 통한 조선 후기 사회의 사회변혁을 주도하는 하나의 바탕이 되었다고도 볼 수 있다. 이는 직간접적으로 한국가톨릭 수용자들이 초기의 양반지식인 층에서 민중, 천민에게까지 지속적으로 확산되는 민중화, 신도의 저변확대와도 깊이 관련되어 있다. 이는 차후 살피겠지만, 조선시대 마지막 박해인 병인박해 당시 피를 뿌린 가톨릭 신자 다수가 민중 계층이었다는 점과도 직결되는 일이다.

그러나 조선시대 한국가톨릭 역사, 특히 그 수난과 박해사는 마치 파도와 같다는 것을 이미 지적한 바 있다. 1864년 철종이 죽고, 그를 이를 후사가 없었으며, 이러한 정치적 혼란 중에 권력의 향방도 다시 오리무중이었다. 결국 세도정치의 권력교차(權力交叉)에서 다시 가톨릭교회에는 불리한 풍양 조씨 쪽으로 힘의 균형추가 옮겨 가게 되었다. 왕위 계승권을 좌우할 궁중의 최고 권력자로 신정왕후 조씨가 부상했는데, 그녀는 이미 기해박해를 주도한 조씨 가문과 깊숙이 관련된 인물이었다. 마침내 흥선대원군(興宣大院君)의 아들 고종(高宗)이 즉위하였다. 고종이 나이 어려 즉위한 관계로 그의 부친인 흥선대원군은 섭정으로 조선 말기 최고의 권력자 자리에 올랐다. 그는 철저한 쇄국주의(鎖國主義)자였다. 물론 대원군이 개인적으로 처음부터 가톨릭에 대해 반감을 지닌 것은 아니었고, 오히려 직간접적으로 깊은 연관이 있는 인물이기도 했다. 즉 그의 부인인 민부대부인은 가톨릭 교리공부도 하였고 기도문을 외울 정도로 가톨릭에 우호적 인

혹독한 박해를 주도한 흥선대원군.

물이었다. 대원군 자신도 한때는 가톨릭 신도들과 교유하기도 했으며, 고종의 유모 박씨는 독실한 가톨릭 교인으로 '마르다'라는 세례명도 지니고 있었다. 그래서 대원군 집권 초기에는 가톨릭에 대해 오히려 친화적인 모습을 보였고, 때로 가톨릭 신자들과 프랑스인 신부들을 매개로 정치외교적 국면을 타개해보려는 입장을 일부 드러내기도 했다.

그러나 대원군의 정치적 기반은 강력한 보수 쇄국주의를 신봉하는 계층이었고, 그의 집권을 도운 것도 원래 가톨릭 탄압세력이던 풍양 조씨 계였다. 더구나 그는 당시 한반도를 둘러싸고 접근하는 서구 외세에 대해 민감할 정도의 반감을 지닌 인물이었다. 결국 이양선(異樣船)으로 대표되는 서구세력의 동아시아 출몰과 가톨릭세력 간의 관련을 의심하기 시작했다. 이는 일찍이 일본의 막부시대 도요토미 히데요시(豊臣秀吉) 때부터 가톨릭세력과 서구침략세력을 일치시키는 가톨릭 경계 전통과 유사한 형태였다. 즉 그 이전의 조선시대 가톨릭 박해가 종교 신념이나 근본 윤리가치에 대한 상충과 거부감, 혹은 정치적 관련이라고 해도 가톨릭 수용에 대한 입장을 일부 달리하는 국내의 정치세력 간의 갈등이 주된 이유였던 것과는 상당히 다른 측면이었다. 즉 가톨릭 박해의 이유가 상당 부분 외세 배척과 이를 통한 국내의 정치적 혼란을 잠재우고자 하는 의도에 더욱 깊이 연동되었다는 의미이다. 특히 대원군은 국내정치에서 여러 민중들의 불만, 반대세력의 저항을, 외세를 상징하는 가톨릭에 대한 대대적·지속적 탄압을 통해 권력의 입지를 안정시키려는 고도한 정치적 의도를 발휘한 것이다.

대원군에 의해 주도된 병인박해는 1866년부터 시작되어 1873년에 대략 마무리되는데, 7년 간 지속되는 가장 긴 박해역사이다. 이는 앞서의 박해들이 대개 1, 2년에 일단락되는 것에 비해 길고 험난한 박해였고, 이에 따라 박해의 규모, 처형된 신도 수에서도 단연 최고의 결과를 보이는 박해였다.

양화진의 절두산.

이에 결론적으로 이 기간 동안 8,000명의 가톨릭 신도들이 목숨을 잃어 조선시대 최대의 '피의 순교역사'가 벌어진 것이다. 주로 이 시기 가톨릭 신도들의 처형장소로 서울 근교의 양화진(楊花津)이 이용되었는데, 한강변이었던 이곳에 목이 잘린 가톨릭 교인들의 피로 강물이 핏빛으로 물들었다고 한다. 처형장소가 된 양화진 언덕의 원래 이름은 '잠두봉(蠶頭峰)'이었는데, 병인박해 이후 '절두산(切頭山)'이라는 별칭으로 불릴 정도로 참혹한 역사의 현장이 되었다.

사실 초기 대원군의 서양세력 경계 중 가장 위협적인 대상은 러시아였고, 구체적으로 러시아의 남하정책을 크게 경계하고 있던 터였다. 이 무렵 가톨릭 교인이며 정부일도 보고 있던 남종삼(南鍾三)과 홍봉주(洪鳳周) 등이 대원군에게 러시아 남하세력을 견제하기 위해 프랑스, 영국 등 서구유럽 세력과 제휴하는 문제를 제기할 때만 해도 이를 긍정적으로 생각하는 기색을 보였고, 오히려 할 수만 있다면 가톨릭세력을 정치외교적으로 유리하게 이용하려는 분위기가 있었던 것도 사실이다. 그러나 세밀한 내막은 확실치 않지만, 외세를 구분치 않고 전체적으로 대응하자는 것, 가톨릭세력에게 다른 흑막(黑幕)이 있을 수 있다는 방향으로 정세 분석이 이루어진 것으로 보인다. 그 결과 가톨릭세력을 긍정적으로 이용하는 것보다 정치적 희생양으로 삼아 굳건한 쇄국의 실천을 행동으로 옮기는 방향으로 태도를 선회하였다.

마침내 대원군은 전면적 가톨릭 신도의 색출과 체포를 명하였다. 당시 한국에는 총 12명의 파리외방전교회 소속 성직자가 활동하고 있었는데, 그중 베르뇌 주교를 비롯한 9명이 체포되어 서울과 충청도 등지에서 나뉘어 참수되었다. 대원군에게 정치적 계책을 건의했던 남종삼, 홍봉주 등도 물론 체포되어 바로 처형되었다. 살아남은 프랑스인 신부 중 리델(F. C. Riedel)은 어렵사리 한국을 탈출하여 극동에 주둔하던 프랑스함대 로즈(G. Roze) 제독에게 프랑스인 선교사들을 비롯한 많은 가톨릭 교인이 조선에서 처형된 사실을 알렸다.

이제 한국의 가톨릭 박해는 국제적인 문제, 특히 한국과 프랑스, 서구 제국과의 외교 관련 문제로 발전하였다. 이는 오히려 한국 내 가톨릭 박해를 가중시키는 요소로 작용한 측면도 있다.

우선 프랑스함대가 행동하기 전인 1866년 8월 미국의 무장 상선 제너럴셔먼(General Sherman)호가 통상을 요구하며, 평양 대동강으로 무단 침범한 일이 있었다. 사실 이 배에는 프로테스탄트 선교사로 런던선교회 소속 목사인 토머스(Robert Jermain Thomas)가 타고 있었다. 이 사건은 무리하게 침략적 태도를 취하던 선원들 전원이 처형되고 배가 불타는 불행한 사건으로 발전하였다. 특히 당시 병인박해 진행 중에 서구 이양선의 침략에 민감하게 반응한 조선정부가 더욱 강력히 가톨릭 교인 색출과 처형을 가속하는 계기가 되었다. 이는 동승한 토머스가 선원들과 함께 처형됨으로써 한국 프로테스탄트 선교접촉과 첫 수난사로 기록되기도 한다. 또한 이 사건을 빌미로 이후 미국함대가 1871년 일시적으로 강화도를 점령한 이른바 신미양요(辛未洋擾)라는 한미전쟁으로도 연결되었는데, 조선군은 여기서도 미국함대를 격퇴한 바 있다.

한편 프랑스 로즈 함대는 자국 출신 가톨릭 성직자들의 처형과 가톨릭탄압의 책임을 묻는 명분으로 1866년 9월 조선원정에 나섰고, 강화도를 침략하고 한강을 봉쇄했다. 그러나 당시 조선군은 전력을 다해 강화도를 수복하고 정족산성(鼎足山城) 전투에서 승리, 프랑스군을 물러나게 함으로 한불전쟁에서 결국 승전하였다. 이를 병인양요(丙寅洋擾)라고 부른다.

더구나 이 와중에 독일 상인인 오페르트(E. Oppert)가 1868년 6월 충청도 덕산(德山)에 있던 대원군의 부친 남연군(南延君)의 묘를 도굴하려다가 실패한 사건이 발생하였는데, 여기에도 일부 가톨릭 성직자와 신도들이 관계되었고, 이는 대원군의 더욱 큰 진노를 불러일으켰다.

프랑스, 독일, 미국 등과 차례로 연관된 외부자극은 병인박해를 더욱 지속, 가중시키는 결과를 초래했다. 각 사건 이후 불길에 기름을 붓는 형국으로 박해는 더욱 가속, 확대되곤 한 것이다. 특히 병인, 신미양요라는 일종의 대외적 수비전쟁에서 승리한 격이 된 대원군은 각지에 '척화비(斥和碑)'를 세우고, 쇄국정책을 더욱 강화해나갔다. 그리고 그 외세의 국내 연결부분으로 본 가톨릭에 대한 박해를 가중시킨 것이다.

결국 병인박해는 1873년 대원군이 정적이었던 민씨(閔氏) 일파에 의해 실각, 정계에서 물러날 때까지 지속되었다. 그러나 이로써 한국가톨릭의 금교상황이 완전히 종식된 것은 아니었다. 조선시대 한국가톨릭이 이른바 신교(信敎)의 자유를 획득한 시점은 1886년 한불조약(韓佛條約) 체결 당시, 조약문에 '교회(敎誨)'라는 문구가 삽입된 이후로 보는 것이 상당히 합당해 보인다. 사실 서구 여러 나라들이 개방 이후의 조선과 차례로 조약을 맺는 과정에서 밀접했던 양국관계에도 불구하고 프랑스와의 조약체결이 가장 늦은 편이었다. 이는 프랑스가 자국 출신 파리외방전교회 선교사들이 다수 활동하고 있던 조선에서 그리스도교 선교의 자유를 조약문건에 포함하려는 노력을 더했기 때문이다. 결과적으로 한불조약문에는 앞서의 '교회'라는 문구가 추가되었던 것이다. 이는 가톨릭의 신교자유를 의미하는 동시에, 공교롭게도 이 한불조약의 문구가 한국에 프로테스탄트 선교를 공인하는 근거로도 적용된 바 있다.

일제강점기 한국가톨릭사와 해방 이후의 변화

초기 신구교 갈등과 교폐 문제

한국가톨릭은 1880년 중반 마침내 신교의 자유를 획득했다. 그 구체적인 계기는 1886년에 체결된 한불수호조약 문서 중에 '교회(敎誨)'라는 문구를 명기하면서 공식화되었다는 사실은 이미 살폈다.

한국가톨릭은 남다른 '피의 역사', 곧 순교의 길을 걸은 후 마침내 자유로운 포교와 신앙공동체의 확장이 가능한 시대를 맞았으나, 당시의 조선은 극도로 내우외환의 혼란상황에 놓였다. 원근(遠近)의 열강은 한반도에 대한 침략적 야욕을 드러내며 각축을 벌였고, 조선은 끊임없는 정쟁, 갈등으로 사회는 불안하고 민중의 생활은 극심한 도탄에 빠져 있었다. 한편 바로 이 시기에 한국에는 새로 프로테스탄트 그리스도교가 본격적인 선교를 시작했다. 이는 가톨릭과의 선의의 경쟁과 협력도 가능한 일이었지만, 반대로 또 다른 갈등관계를 형성하는 구도가 되기도 했다.

사실 한국에 프로테스탄트 그리스도교 선교사를 파견할 수 있었던 근거는, 앞서 가톨릭 신교자유의 계기가 된 '한불조약'의 문구 '교회'였다. 이렇게 보면 프로테스탄트의 선교, 수용의 바탕으로 가톨릭 순교 역사를 기반에 둔 깊은 상호 관련성을 논하지 않을 수 없는 일이다. 그뿐 아니라 초기 한국프로테스탄트 선교사들은 성서의 번역, 그리스도교 전도 문서의 발행 등의 사업에서 이미 가톨릭이 이룩한 업적의 영향이나, 실제적으로 가톨릭 교인들의 협력을 받기도 하였다. 초기 프로테스탄트 선교사들의 한국어 교사 중에는 가톨릭 신자들이 다수 있었다. 그러나 당시는 오늘날에 비해 세계적으로도 가톨릭과 프로테스탄트 사이에, 이른바 '에큐메니즘'의 분위기는 형성되어 있지 않았고, 상호 견제나 비판이 강했던 시대이다. 이러한 환경은 한국의 신구교 선교현장에서도 그대로 나타나기 시작했다. 즉 한국선교를 앞서 했던 가톨릭은 프로테스탄트의 적극적 후발 선교를 견제하고자 하였고, 프로테스탄트 또한 가톨릭과의 차별성을 주장하고, 그것을 넘어서지 않으면 안 된다는 입장을 취하였다. 이러한 환경에서 서서히 신구교 갈등사건이 일어났다.

첫 번째는 1888년에 일어났다. 그해 남부지방의 극심한 가뭄과 기근, 전염병으로 민중이 어려움을 겪자, 당시 가톨릭 조선교구의 주교이던 블랑(Blanc)을 중심으로 구호대책위원회를 구성하였다. 여기에 프로테스탄트 초기 선교사 중의 한 사람인 언더우드(H. G. Underwood)가 구호금을 내고 함께 참여하였다. 이를 두고 가톨릭 일부에서 프로테스탄트가 자신들의 포교, 선전을 위해 의도적으로 참여한 것이라고 비판하면서 갈등이 벌어진 것이다.

두 번째는 1894년 4월, 당시 널리 화제가 되었던 가톨릭 명동성당 신축현장에 구경을 갔던 프로테스탄트 신자 다섯 명과 가톨릭 교인들과의 충돌이 일어, 프로테스탄트 신도들이 구타를 당한 것이다. 이에 프로테스탄트 선교사 아펜젤러(H. G. Appenzeller)가 가톨릭의 뮈텔(Mutel) 주교에게 항의 편지를 보냈고, 여기에 대해 뮈텔은 그들 프로테스탄트 신자들이 단순한 구경꾼이 아니라 무기를 소지하고 난입한 습격자라고 맞섰다.

세 번째는 프로테스탄트 교인인 남궁억(南宮檍)이 사장으로 있던 「황성신문(皇城新聞)」의 1899년 4월 14일자에 불교의 한 부처가 가톨릭에 입교했다는 내용의 '불입천교(佛入天敎)'라는 기사가 실린 것이 발단이 되었다. 이 기사에 가톨릭에 대한 비판적 글이 포함됐다는 이유로 가톨릭 교인 일부가 신문사에 난입하여 남궁억을 납치, 명동성당에 감금했던 사건이다. 이는 가톨릭 측이 과격했던 일로, 당시 뮈텔 주교가 공식 사과를 한 바 있다.

네 번째로는 1900년부터 1903년 사이 황해도 일대에서 일어난 일련의 신구교 간 갈등사건을 지목할 수 있다. 이를 '해서교안(海西敎案)'이라고 부른다. 구체적으로는 일부 가톨릭 교인들이 천주교 성당을 세우는 헌금모집 과정에서 프로테스탄트 교인들에게도 헌금할 것을 요구했고, 이를 거부하는 이들에게 구타를 한 사건이다. 그리고 이러한 사실을 프로테스탄트 교인들이 관헌에 고발하였다. 그리고 다시 관헌에 구금된 가톨릭 교인들을 풀어주고자 가톨릭 신부 르각(Le Gac)이 관여하고, 프로테스탄트 선교사 헌트(W. B. Hunt), 마펫(S. A. Moffet) 등이 개입되기도 했다. 이는 다시 프로테스탄트 계통의 언론보도에 대한 이의제기, 미국공사관의 개입으로 확대되기도 했다. 그뿐 아니라 같은 황해도 지역에서 1903년 가톨릭 교인과 프로테스탄트 교인이 각각 키우던 소가 전염병에 죽은 것을 놓고, 책임공방과 소 값 배상 요구 등의 문제가 불거지며 다시 사건을 일으켰다. 당시 조선정부는 이른바 '해서사핵사(海西査覈使)'를 보내 사건을 해결하고자 했으나 실패했고, 마침내 프랑스 공사 플랑시(Plancy)까지 나서 겨우 진정되었다.

특히 황해도를 중심으로 하는 해서지방에서 신구교 갈등이 크게 일어났던 원인은 포교자유 이후 가톨릭 신도가 급증한 지역일 뿐만 아니라 후발 주자인 프로테스탄트도 이 지역에 집중적인 선교를 하였고, 신자가 다수 증가하면서 격렬한 경쟁지역으로 부상했기 때문이라는 것이 근본적인 배경이다.

이러한 사건을 통한 신구교 갈등은 향후 양측 교회 간의 문서논쟁으로도 발전했는데, 프로테스탄트에서는 『예수천주양교변론(耶蘇天主兩教辯論)』을 발행, 가톨릭이 비(非)성서적 교리를 지니고 있다고 비판했고, 가톨릭은 『양교명증문답(兩教明證問答)』『진교사패(眞教四牌)』 등을 발간하여 가톨릭을 옹호하고 프로테스탄트를 비판했다. 더욱 구체적으로 가톨릭은 종교개혁자 루터를, 프로테스탄트는 교황을 비판하는 입장을 각각 견지했다.

한편 단순히 신구교 간의 갈등뿐만 아니라, 가톨릭과 관헌, 민간 간에 여러 문제들이 일어났다. 특히 국내 질서가 혼란한 당시 조선에서 선교사들의 이른바 치외법권(治外法權)적 위세, 즉 외세의 힘을 배경으로 하는 월권행위의 문제, 가톨릭세력과 토착세력과의 직접적인 대립사건도 발생했다. 이를 크게 교폐(敎弊) 문제라고 할 수 있다. 이는 순교의 역사를 통과한 후 한국가톨릭이 급격히 발전을 거듭하면서 드러낸 하나의 역사적 그늘이라고 아니할 수 없다. 구체적으로, 1895년 이후 앞서 신구교 갈등이 심했던 황해도 지역의 가톨릭교회를 관할하는 프랑스 신부 빌렘(J. Wilhelm)이 부임하면서 일어난 일련의 사건들이 대표적인 예이다. 그의 부임 당시 비교적 소수이던 가톨릭 교인이 불과 6~7년 만에 열 배 이상 늘어나 7,000명 정도에 이르면서, 강력한 세력으로 부상했다. 더구나 당시 지방관헌은 혼돈 중의 중앙정부에서 보낸 탐관오리가 대부분으로 공정하고 강력한 지방행정을 확립하지 못했다. 빌렘 신부와 일부 가톨릭 신도들은 사적으로 힘을 행사하였다. 부당한 세금징수를 막아준다든가 송사를 해결한다는 명분으로 민간인을 불법으로 구금하기도 하고 관헌을 무시하며 실제적으로 부당한 행정권, 사법권을 행사하기도 하는 과정에서 많은 문제점이 발생하였다. 이러한 상황에서 순수한 종교적 목적의 개종이 아닌, 현실적으로 영향력을 발휘하는 가톨릭의 힘에 영합하는 거짓 신자들도 득세한 것이 사실이다. 이렇듯 당시 가톨릭 선교사, 때로는 프로테스탄트 선교사들이 현실적 힘의 위세를 부리는 것을 이른바 '양대인자세(洋大人藉勢) 현상'이라고 불렀다.

한편 직접적으로 가톨릭은 아니고, 그렇다고 프로테스탄트라고도 할 수 없는 러시아정교회가 이 시대 짧은 기간 한국에서 일정한 선교성과를 보이기도 했다. 물론 한국에 대한 러시아의 정치적 영향력과 함께 진행된 선교였다. 그 과정에서 러시아 국적의 정길당(貞吉堂)이라는 여인을 둘러싼 한 무리가 러시아정교회 선교사로 사칭하며 민간을 위협, 갈취한 일로 심각한 교폐사건을 일으키기도 하였다.

제주도 신축년사건

가톨릭과 토착세력 간의 대표적 갈등사건으로 1901년 제주도에서 일어난 이른바 '신축년사건'을 주목할 필요가 있다. 토착신앙과 토호(土豪)세력이 강한 제주도에서 가톨릭에 대한 반감이 바탕이 된 사건이다. 여기에는 중앙에서 파견된 봉세관(封稅官), 토착세력과 결탁한 토호관헌, 프랑스세력, 심지어 토착세력의 배후에 있던 일본의 정치적 입김도 작용한 대표적 갈등사건이다. 많은 인명피해까지 생긴 사건으로, 신교자유 이후 가장 규모가 큰 가톨릭 갈등사건이다.

우선 봉세관 강봉헌(姜鳳憲)의 악행에 제주도민들이 저항하기 시작했다. 그런데 그는 자신의 측근으로 여러 명의 가

제주 관덕정(觀德亭). 신축년사건 당시 제주 관아를 장악한 토착세력에 의해 많은 가톨릭 교인이 이곳에서 처형됨.

톨릭 신도를 고용했다. 또한 가톨릭 교인들이 제주도 토착 전통신앙의 상징인 '신목(神木)'을 우상이라고 비판하는 행위 등으로 제주 토착민들의 가톨릭에 대한 반감이 쌓였다. 이러한 상황에서 토착민과 연대한 대정군수(大靜郡守) 채구석(蔡龜錫)이 이재수(李在守) 등과 함께 가톨릭세력을 공격했다. 위기를 느낀 라크루(M. Lacrouts) 신부는 가톨릭 교인들과 무력으로 대치했고, 프랑스함대의 출동까지 요청했다. 결국 프랑스의 외교적 압력, 함대의 무력시위 상황에서 당시 조선 정부는 정부군을 파견하여 토착세력을 진압했다. 이 과정에서 가톨릭 교인 다수를 비롯한 인명피해가 있었다. 정부군은 토착세력에게 장악된 제주성읍을 다시 탈환했고, 주동자 일부를 처형했다. 양측이 모두 희생자이기도 했지만, 사후처리는 결국 프랑스의 외교적 압력에 의해 가톨릭 측에 유리하게 전개되었다. 1908년에는 프랑스 측이 요구한 배상금을 제주도민들에게 강제 징수하여 배상하기도 했다.

결국 이 사건은 제주도에서 다수의 가톨릭 교인들이 희생을 당하기도 했기 때문에 '교난'이라고도 할 수 있으나, 한편으로 제주도 토착민들 입장에서 보면, 가톨릭 신도와 프랑스 세력의 침입에 대한 저항운동이었다. 결과적으로 프랑스의 외교적 압력을 받은 조선정부가 토착민들에게 불리한 편파적 사후처리를 한 사건으로 볼 수 있다.

가톨릭과 구한말 민족문제

1880년대 이후 한국에 선교를 시작한 프로테스탄트 그리스도교는 계속하여 자신들은 가톨릭과 다르다는 것을 설명했다. 물론 여기에서 다르다는 의미가 그리스도교 내부에서 신학적·교리적 흐름을 달리하는 서로 다른 종파로서의 프로테스탄트의 정체성을 강조하는 데에 그 주안점이 있지 않았다. 그보다는 그동안 한국가톨릭이 보여준 한국의 전통, 문화, 토착적 가치에 대해 배제하는 배타적 선교신학적 입장과는 다르다는 의미가 그 중심이었다. 이를 한국프로테스탄트의 '이체선언(二體宣言)'이라고 부르기도 한다. 이미 앞서 살핀 바와 같이 한국가톨릭은 가톨릭근본주의에 가까운 선교신학을 견지하던 '파리외방전교회'가 주축이 되었다. 이들은 물론 그 이전 동양선교를 개척한 '예수회'의 적응주의적 선교방법론과는 판이한 입장을 보였다. 더구나 한국가톨릭 수용자들의 주류도 황사영과 황사영백서사건에서 이미 확인할 수 있었듯이 철저한 가톨릭중심주의의 입장에 서서 한국의 전통적 가치와 상황을 존중하는 자세가 부족했던 것도 사실이다. 이들은 오히려 교황중심주의로도 볼 수 있는 '울트라몬타니즘'에 입각해 있었다고 할 수 있다. 이러한 한국가톨릭의 역사는 계속하여 조선정부, 토착 전통세력과 심각한 갈등관계를 형성할 수밖에 없었고, 그것은 한국가톨릭 수난, 순교의 역사와도 깊은 관련성을 지닌 것이다.

이에 한국프로테스탄트는 한국선교를 시작할 즈음 이미 그러한 한국가톨릭의 수난 역사를 파악할 수 있었고, 그것을 답습하지 않을 방도를 강구하지 않을 수 없었다. 그 결과 가톨릭과는 다른 선교적 태도를 선언, 채택하고자 했던 것으로 짐작할 수 있다. 더구나 가톨릭의 포교자유가 주어지고, 프로테스탄트가 선교를 수행하던 시기는 한국이 대내외적으로 정치적 독립을 유지하기가 불안해 보이는 국권 위기의 상황이었고, 그러한 민족상황과 교회 혹은 신도 개인의 입장 정립이 중요하던 시기였다.

이러한 정황을 배경으로 한국프로테스탄트 그리스도교는 선교, 수용 초기부터 민족운동에 일정한 역할을 감당하는 특성을 드러냈다. 물론 프로테스탄트 선교사들이 한국에서 정치적 민족운동을 적극적으로 지지하거나 신도들의 그러한 동향을 지원한 것은 아니다. 어디까지나 프로테스탄트 그리스도교를 수용한 한국 크리스천들의 실존적 상황과 그리스도교 수용의 목적, 그리스도교와는 반대적 입장을 취했던 일본 제국주의에 의한 국권침탈 과정 등의 상황이 복합적으로 작용한 일이었다. 이에 반해 가톨릭의 경우는 처음부터 한국의 민족문제, 민족운동과는 일정한 거리를 형성할 수밖에 없었던 특성을 드러내 보인다.

우선 가톨릭이 외세 위협, 특히 일본의 한국침략사에서 적극적으로 반대하거나 개입하지 못한 배경을 단지 전통적으로 한국가톨릭교회가 한국적 가치에 일정한 거리를 둔, 이른바 '반민족적 가톨리시즘'에 입각해 있었기 때문이라고만 할 수는 없다. 당시 가톨릭신학의 중심항목으로 확고히 설정해두었던 이른바 '정교분리' 혹은 '성속이원(聖俗二元)'의 신학적 이론이 작용한 것으로도 이해할 수 있다. 물론 세계 가톨릭의 역사, 특히 서구가톨릭 제국이 아시아, 아프리카, 라틴아메리카 선교의 역사에서 과연 이러한 '정교분리'의 원칙을 잘 지켰는가 묻는다면 전혀 그렇지 않았다. 오히려 이 시기는 철저한 '정교일치'의 역사였음이 사실이다. 그런데 반대로 식민지 침략과 그 지배를 받는 나라의 교회가 '정교분리'의 원칙을 설정하고 이행했다는 사실은 이율배반의 경우가 아닐 수 없다. 물론 어느 정도 시대적인 경과 이후의 것이라고 해도, 당시 한국가톨릭교회가 보인 '정교분리' '성속분리'의 입장은 역사적 비판에서 결코 자유로울 수 없을 것이다.

아무튼 한국가톨릭이 국권상실기 한국의 민족문제에 대해 소극적 입장을 취했다는 사실은 어떠한 신학적·정치적 이유로도 설명하기 어려운 부분이 있고 같은 시기의 프로테스탄트와의 비교관점에서도 극명하게 그 차이가 드러나고 있다.

개인적 차원의 가톨릭 교인 독립운동

안중근은 황해도 해주의 토호양반 가문 출신이다. 소년 시절인 18세에 부친의 권유로 가톨릭 신자가 되었다. 조선이 일제의 식민지배하에 들어가는 것이 확실해지는 상황에서 적극적인 민족독립운동에 가담했다. 마침내 한국침략의 중심인물로 지목된 이토 히로부미(伊藤博文)를 처단해야 한다는 계획에 관여하였다. 그와 이 일을 함께 도모한 이는 프로테스탄트 교인인 우덕순(禹德淳: 일명 연준連俊)이다. 이들은 1908년부터 거사를 협의했고, 이토 히로부미의 러시아 방문 때에 거사를 실행했다. 1909년 10월 26일 만주 하얼빈에서 기다리던 안중근이 이토 히로부미 저격을 결행했다. 현장에서 체포된 그는 한국의병군 중장으로 자신을 소개하고, 자신의 저격행위는 단순한 테러가 아니라 한일전쟁 중 적장에 대한 정당한 군사적 조처이며 침략자에 대한 응징이라는 입장을 고수했다. 아무튼 그는 1910년 2월 14일 사형선고를 받은 후 3월 26일 형이 집행되었다. 한편 안중근은 심문과정에서 자신이 가톨릭 교인임을 밝혔고, 물론 신앙적으로 살인

이토 히로부미 저격 후, 사형 직전의 안중근이 가족과 빌헬름 신부와 면회하는 장면.

은 죄악이지만, 이웃나라를 탈취하고 생명을 유린하는 자를 제거하는 정당방위 차원의 거사임을 주장하기도 했다.

그 밖에 일본의 한국병합을 적극 지지하는 미국인 외교고문 스티븐스(D. W. Stevens)를 미국에서 저격한 두 사람의 한국인 독립운동가, 곧 장인환(張仁煥)과 전명운(田明雲) 중에 장인환은 프로테스탄트 교인이고, 전명운은 가톨릭 교인이다. 다만 전명운이 스티븐스를 저격할 당시 이미 가톨릭 신자였는지, 그 이후 신자가 되었는지는 확실치 않다.

이렇게 보면, 가톨릭 신자들의 대표적 개인적 독립운동, 곧 이토 히로부미 저격사건, 스티븐스 저격사건 모두 프로테스탄트 교인들과 연계된 사건이었음을 발견할 수 있다. 한편 초기 대표적 한국프로테스탄트 그리스도교인들에 대한 탄압사건으로 조작된 이른바 '105인사건'에도 두 사람의 가톨릭 신도가 포함된 사실 정도가 초기 한국가톨릭 신도들의 민족독립운동 관련 흔적의 대개가 아닐까 한다.

일제의 한국병합에 대한 가톨릭의 인식과 3·1독립운동, 신사참배

1900년대 이후 한국가톨릭은 한국이 근대문물을 수용하고 사회적인 개혁을 추진해나가는 데서는 적극적이었다. 특히 사회계몽운동, 교육활동, 사회사업, 그리고 「경향신문(京鄕新聞)」의 발행에서 보듯이 민중계도에 공헌했다. 그러나 기본적으로 한국가톨릭 지도자들은 교회와 신앙공동체의 보전, 그 발전이 목표의 중심에 있었지 한국의 정치적 문제, 독립의 유지 등에는 관심이 없었다. 1905년 이른바 '을사보호조약'에 의해 한국이 일본의 보호국이 되고, 통감부가 설치된 후 벌어진 한국 각지의 저항운동, 의병전쟁 등에 대해 가톨릭은 오히려 비판적 태도를 견지했다. 물론 이 시기 적극적인 저항운동을 벌인 프로테스탄트와 크게 구별되는 태도이다. 즉 앞서 살핀 바와 같이 교회나 신앙공동체 차원에서는 현실적 국가권력, 정치적 힘에 대해 순응하는 입장을 취하였고, 단지 개인적 차원의 일부 저항이 있었을 뿐이다. 더구나 앞서의 안중근사건 이후에도 가톨릭교회의 공식적 입장은 살인은 어떤 명분으로도 정당화될 수 없다는 것으로, 안중근은 크게 비판받았고, 뮈텔 주교는 그를 교회에서 파문하였다.

한편 한국의 민족독립운동사의 절정은 1919년의 3·1운동이다. 이는 한국 각계각층의 독립운동세력, 특히 프로테스탄트 그리스도교, 천도교(동학), 불교 일부 등 각 종교계 지도자들이 구심점이 되어 전개한 전(全)민족적인 독립운동이었다. 그러나 한국가톨릭은 이 운동에 거의 참여하지 않았다. 교회가 공식적으로 이 운동에 참여하지 않았고, 지도자들도 민족대표에 가담하지 않은 것은 물론, 신도들 중 개인적 차원에서 이 운동에 관여한 이들에게 교회는 오히려 탄압을 가했다. 심지어 이 운동에 참여한 가톨릭 신학생들을 학교에서 퇴학시키기도 했다.

가톨릭의 강력한 중앙집권적 교회조직, 당시의 한국교회 중심지도자 대부분이 서양인 신부들이었던 점, 조선총독부와의 협력관계의 긴밀성 등으로 일제강점기 가톨릭교회의 태도는 극도로 순응적이었다. 앞서 3·1운동의 태도 하나만으로도 당시 전체 한국가톨릭교회의 민족문제에 대한 입장을 충분히 파악할 수 있다.

한편 일제강점기 한국그리스도교가 직면한 또 하나의 큰 이슈는 1930년대 이후 강화된 신사참배 강요의 문제였다. 물론 가톨릭교회도 초기, 즉 1920년대에는 신사참배의 성격이 종교적일 수 있다는 판단에서 부정적 입장을 나타내기도 했다. 그러나 1932년경 일본 가톨릭교회가 먼저 신사참배는 종교적인 의례가 아니고 단지 국가의례에 지나지 않는다는 입장을 정리하고, 더구나 로마 교황청도 이것을 국민 된 도리로 인정함으로써 분위기가 완전히 바뀌었다. 이에 한국가톨릭교회도 신사참배를 승인하고, 이로 인한 일제 당국과의 마찰도 일어나지 않았다.

이상에서 살피면, 국권상실기로부터 일제강점기 말, 해방에 이르기까지 가톨릭교회와 일제 당국은 밀월관계였다고 아니할 수 없으며, 반대로 한국의 민족독립운동세력과 가톨릭은 상당한 거리를 두고 있었음을 확인할 수 있다.

일제강점기 한국가톨릭교회의 내부적 발전과 부흥

한국가톨릭의 신교자유가 확립된 이후인 1890년에 제8대 조선교구장으로 프랑스 파리외방전교회 소속 뮈텔 주교가 취임하여 상당히 긴 시간 한국가톨릭을 지도하였다. 그는 무엇보다 한국가톨릭의 내부적 발전과 조직정비, 역사 기록의 체계화 등을 목표로 큰 업적을 남겼다. 중심 주교좌성당인 명동성당 건축에 착수하여, 1898년 대규모 성당을 완공했다. 그리고 가까운 순교역사부터 정리하기 시작하여, 1895년에는 병인교난의 기록인 『치명일기(致命日記)』, 1905년에는 기해교난의 기록인 『기해일기(己亥日記)』를 각각 편찬하기도 했다. 이들 자료는 훗날 한국가톨릭 순교자들의 시복(諡福), 시성(諡聖) 자료로 활용되었다.

뮈텔 주교가 교구장에 취임할 당시에 한국가톨릭 교

인 수는 1만 7,577명 정도였으나, 10년 후인 1900년에 4만 2,441명, 다시 10년 이후인 1910년에는 7만 3,057명으로 늘어나는 대대적 부흥을 이룩했다. '한일강제병합'의 해이기도 한 1910년 한국가톨릭은 본당 54개, 공소 1,024개, 한국인 신부 15명, 외국인 신부 41명의 통계 수치를 보였다. 그리고 그 이듬해인 1911년에 교구 분할을 교황청으로부터 허락받아, 서울교구와 대구교구로 분립되는 발전을 보였다. 첫

1890년부터 일제강점기 한국가톨릭을 줄곧 주도한 뮈텔 주교.

대구교구장은 프랑스인 신부 드망주(F. Demange)가 맡았는데, 1831년 조선교구가 북경교구로부터 독립교구가 된 이후 조선에 복수의 교구가 설치되는 역사적인 사건이 아닐 수 없었다. 그 후 1920년에는 원산교구가 독립하게 되었다. 특히 원산교구는 그동안 한국선교를 주도하던 프랑스의 파리외방전교회 소속이 아닌 독일의 성 베네딕투스회 소속 사우어(B. Sauer)가 교구장을 맡았다. 이는 한국가톨릭 선교가 프랑스 집중에서 벗어나는 일이기도 하다. 물론 독일계 성 베네딕투스회는 1911년 한국에 첫 비프랑스계 선교단체로 진출한 바 있지만, 마침내 독립된 교구를 관할하게 된 것이다. 그리고 1922년에는 미국의 가톨릭 선교회인 메리놀외방전교회가 한국선교에 착수했다. 이들은 마침내 1927년 황해도, 평안도 등 서북지역의 교회가 평양교구로 독립된 이후 그 지역을 관할하게 되었다. 첫 평양교구장은 메리놀외방전교회 소속의 번(P. Byrne) 신부가 맡았다. 이어 1928년 중국 북동쪽 만주지역의 한국인 천주교회를 관할하는 연길교구도 분립되었다. 그리고 점차 한국인 사제들이 분립되는 작은 교구의 책임을 맡을 만큼 성장해나갔다. 더불어 1933년부터는 아일랜드계인 성 콜룸바노외방전교회가 한국선교를 시작했고, 1937년 대구교구로부터 독립한 광주교구의 첫 교구장으로 성 콜룸바노외방전교회 출신의 맥폴린(O. McPolin) 신부가 취임하였다.

이렇게 하여 여러 나라, 여러 가톨릭 선교회가 한국에서 활동하는 양상을 보였다. 이와 함께 한국프로테스탄트 그리스도교의 선교과정에서 여러 선교회가 복수로 선교를 수행하면서 수립했던 '선교구역분할협정', 즉 '교계예양(教界禮讓)'과 같은 조정이 한국가톨릭에서도 시행되었다. 즉 서울과 대구 교구의 관할 지역은 원래의 프랑스 파리외방전교회가, 함경도, 만주 지역은 독일의 성 베네딕투스회, 황해도와 평안도 지역은 미국의 메리놀외방전교회, 광주교구로 분립한 전라도와 1940년에 춘천교구가 된 강원도 지역은 아일랜드의 성 콜룸바노외방전교회가 관할하는 식의 지역분할 구도였다.

이러한 교회, 교구의 발전과 함께, 각종 저널을 발간하는 등 문서활동도 활발한 전개를 보였고, 사회사업, 교육활동 등도 성과를 보였다. 1927년 서울교구와 대구교구에서 각각 「천주교회보(天主教會報)」「별(星)」이 창간되었고, 이것은 1933년 「가톨릭청년」으로 통합되었다. 1933년에는 가톨릭 의료기관으로 오늘날까지 전통을 이어오는 '성모병원'이 창설되었다. 그리고 1922년에 설립된 현재의 동성(東星)학교, 대구교구가 중심이 되어 설립한 해성(海星)학교 등도 점차 발전하였다.

1940년 당시의 통계를 기준으로, 일본통치기 한국가톨릭 교회의 교세를 살피면 대개 다음과 같다. 교회 수는 501개, 교인 수는 11만 3,496명으로 집계된다.(한국기독교역사학회 편, 『한국기독교의 역사 Ⅱ』, 기독교문사, 1990, 254쪽 참조)

해방과 분단, 전쟁, 한국가톨릭의 또 다른 수난

일본의 패전으로 독립의 기회를 맞았으나, 분단과 전쟁의 소용돌이 속에 한국은 또 다른 위기와 고난의 시대로 접어들었다. 한국가톨릭은 일제강점기에 조선총독부와 협력적 관계를 구축함으로써 특별한 수난을 직접적으로 경험하지는 않은 것을 살핀 바 있다. 그러나 해방 이후 남북분단과 함께 들어선 북한의 공산정권과의 관계는 우호적일 수 없었다. 특히 1950년에 일어난 한국전쟁으로 극심한 피해를 입었다.

북한 지역을 관할하던 평양교구, 함흥교구, 연길교구 등은 공산정권 수립 이후 박해를 받기 시작했다. 기록에 의하면, 전쟁 당시에 가장 대표적인 수난을 입은 곳이 함경도 덕원수도원이다. 수도원 건물이 파괴되고 다수의 신자들이 수난을 입었다. 이미 전쟁 전부터 덕원신학교의 교수, 수도원의 수사 등 외국인 성직자들과 한국인 신부 다수가 북한의

한국전쟁 당시 폐허화된 덕원수도원.

정치보위부(政治保衛部)에 체포되었다. 한국인 수사 26명, 신학생 73명 등 99명이 추방되고 수도원과 신학교는 파괴되었다. 체포된 이들은 수용소에 수용되어 격심한 고통의 수형생활을 해야 했다. 체포된 이들 중 외국인 신부, 수사, 수녀들만 67명으로 집계되는데, 이들은 전쟁 전후 여러 감옥과 수용소를 전전하다가, 전쟁 발발 이후인 1950년 10월부터 이른바 '죽음의 행진'이라고 부르는 중노동의 수용소 생활을 했다. 그중 고통을 견디지 못하고 25명이 목숨을 잃었고, 나머지 42명은 휴전 이후인 1954년 1월 12일 각자 본국으로 강제송환된 바 있다. 이렇듯 덕원수도원을 중심으로 한 함경도 지역 가톨릭의 수난상황을 한 예로 볼 수 있듯이 평양교구 등 여러 다른 지역에서도 공산정권에 의한 가톨릭의 박해 기록은 다수 전한다. 이 과정에서 독일 성베네딕투스회 주교 사우어가 목숨을 잃기도 했다. 한편 북한군의 남하 당시 춘천교구의 아일랜드 성 콜룸바노외방전교회 출신 주교 퀸란(T. Quinlan) 등도 고초를 겪었으며, 남한지역 여러 교회와 성직자, 교인들도 수난을 당했다.

결국 한국가톨릭은 일제강점보다는 분단, 전쟁, 공산주의와의 갈등에서 더 큰 수난을 입는 모습을 보이며, 그것이 가톨릭이 강력한 반공주의 입장을 견지하는 계기가 되기도 했다.

제2차 바티칸공의회 이후 한국 신구교 간의 협력

앞서 살핀 바와 같이 한국에서 가톨릭과 프로테스탄트의 관계는 우호적인 출발을 보이지 못했다. 상호 견제와 갈등관계를 보였다. 더구나 일제강점기 민족상황에서 두 교회가 보인 진로는 서로 달랐다. 물론 프로테스탄트 전체가 일제에 저항하고, 민족문제에 적극적이었던 것은 아니다. 다만 중요한 기조로서 이른바 '민족기독교'의 특성을 보이고, 3·1운동에 적극적이었으며, 일제강점기 말에는 신사참배 강요에 대한 저항과 수난의 고통을 겪었다. 이에 반하여 가톨릭은 일제강점기 전체를 통해 민족문제에 대한 적극적 저항을 보이지 않았을 뿐만 아니라 그에 따라 특별한 수난의 역사를 지니지도 않았다. 다만 1945년 이후 한국의 분단, 전쟁의 과정에서는 공산주의와의 대립에서 프로테스탄트와 가톨릭이 같은 기조를 지녀왔던 것은 사실이다.

그러나 해방 이후에도 두 교회 간의 직접적 관계가 그렇게 개선된 것은 아니었다. 특히 남한정권에서도 이른바 '친기독교정권'이라고 지칭된 이승만 정권은 철저히 프로테스탄트 중심의 정책을 폈고, 이에 따른 가톨릭 차별 혹은 가톨릭과의 갈등 분위기가 존재했던 것이 사실이다. 특히 일제강점기 친일활동에 적극적이었다는 이유로 프로테스탄트교회 내에서 공격을 받던 감리교 정춘수 목사를 비롯한 일부 유력한 목사들이 가톨릭으로 개종하면서 두 교회의 관계가 더 험악해지기도 했다. 그런데 물론 이러한 구체적 이유도 있긴 했지만, 무엇보다 두 교회 사이에는 서로를 인정하고 협력할 수 있다는 신학적 양해의 바탕이 마련되지 않았다는 것이 갈등상황의 더 큰 이유가 아닐 수 없었다.

그런데 1962년 이른바 가톨릭의 제2차 바티칸공의회가 시작되었다. 그리고 마침내 1964년 '일치운동에 대한 교령

(Unitatis Redintegratio)'이 발표된 것이다. 이는 곧 가톨릭의 프로테스탄트에 대한 근본적 입장변화의 계기가 형성된 것이다. 늘 '열교(裂敎)'라고 부르며 프로테스탄트교회의 존재 자체를 인정하지 않았던 가톨릭의 태도변화가 아닐 수 없다. 마침내 이러한 세계적 흐름에 따라 한국의 신구교 간에도 새로운 변화의 조짐이 일어났다. 상호 간에 대화모임을 개최하고, 1968년부터는 '교회일치 기도주간'을 정하여 서로 이해하고 협력할 방안을 강구해나갔다. 그러나 이러한 일은 프로테스탄트 쪽에서 보면, 극히 일부의 진보적 교파에 국한된 일이었다. 즉 가톨릭의 프로테스탄트에 대한 입장, 이해 여부와 관계없이 보수적 프로테스탄트 교파들은 가톨릭을 전혀 인정하지도, 존중하지도 않는다. 이는 지금도 지속되고 있는 문제이다. 따라서 신구교 간의 협력이라는 것은 결국 가톨릭과 진보적 프로테스탄트 교파 간의 화해와 일치 운동임을 전제하지 않으면 안 되는 것이 현실이다.

한국 신구교 공동번역성서와 신학 분야의 협력

한국에서 가톨릭과 프로테스탄트 협력 역사의 가장 큰 업적은 무엇보다 공동번역성서의 간행이라고 할 수 있다.

1968년 2월 가톨릭과 프로테스탄트는 각각 5명으로 선임한 위원들로 성서공동번역위원회를 구성하였다. 사실 가톨릭은 성서에 대한 태도, 즉 전통적으로 모든 평신도가 자유롭게 성서 전체를 읽고 이해하는 전승이 약했던 관계로 성서번역과 출판에서는 프로테스탄트 쪽의 경험과 사업역량이 더 나은 상황일 수도 있었다. 마침내 3년여의 작업 끝에 1971년 부활절을 기해 신약성서를 발행하고, 1977년에는 구약성서까지 출간됨으로 성서 전체를 신구교 공동번역으로 간행한 것이다. 특히 가톨릭에서만 사용하는 이른바 '외경(外經: Apocrypha)'은 가톨릭용에만 첨부하는 식으로 공동번역성서이되 가톨릭용과 프로테스탄트용을 구분해서 출간하는 융통성을 발휘하기도 했다. 이는 세계 여러 지역의 신구교 협력사업의 예와 비교해보더라도 높은 평가를 받을 수 있는 사업이었다. 그러나 이 성서의 진로는 그렇게 평탄한 것이 아니었다. 가톨릭 쪽에서는 먼저 첨부 형태로 덧붙여지고, 가톨릭용에만 편집된 '외경'에 대한 불만이 터졌다. 가톨릭 입장에서는 교회가 전통적으로 사용해온 성서의 일부를, '외경'이라는 용어, 곧 성서 밖의 성서와 같은 의미로 번역한 것을 문제시했다. 그래서 재판 시에는 '외경'이라는 말을 없애고, '제2 정경(正經)'이라는 용어로 고쳐 발행하기도 했다. 그러나 이 성서에 대한 문제는 프로테스탄트의 경우가 더욱 격렬했다. 이미 앞서 언급한 바와 같이 신구교 협력이나 일치 운동의 프로테스탄트 쪽 파트너는 진보적 교파에 국한된 것이었다. 따라서 진보적 교파의 리버럴한 신학의 입장으로 주도한, 더구나 보수적 프로테스탄트 쪽에서는 함께할 수 없는 교파로 지목하고 있는 가톨릭과의 공동번역성서 자체를 그들은 인정할 수 없었다. 성서가 간행되자마자 프로테스탄트 보수진영에서는 '공동번역성서비판회'를 조직하여 이 성서의 신학적 문제점을 지적하며, 공인된 성서로 채택하지 않는 것은 물론 강독 자체를 거부하는 입장을 취했다. 반면에 가톨릭은 오히려 프로테스탄트계 성서출판기관인 '대한성서공회'가 발행하는 공동번역성서를 오랫동안 공인성서로 사용해왔다. 결국 한국 신구교의 공동번역성서는, 특히 프로테스탄트 쪽에서 볼 때 실제 예배와 의례를 위한 성서라기보다는 오히려 역사적·신학적 의미의 성서로서 그 존재 의의를 지닌 것으로 평가할 수 있을 것이다.

한편 신구교 간에는 성서사업 외에도 여러 형태의 신학적 학술협력도 지속, 실행하였다. 신학의 각 분야에서 신구교 학자들이 공동으로 참여하는 심포지엄, 세미나를 개최하고 그것을 학술간행물로 발간한 경우도 많았다. 그 밖에도 일정한 주제와 분야에서는 신구교에 각각 속한 학자들이 함께 조직한 학술단체, 즉 학회나 연구회를 구성하여 계속적인 공동 학술활동을 전개한 경우도 많다. 또한 초기부터 함께 진행해온 공동예배, 공동기도문 작성, 강단의 교환 등은 한국 신구교 협력과 일치 운동의 중요한 활동 내용이 되고 있다. 그러나 무엇보다 한국의 가톨릭과 프로테스탄트가 현대사 속에서 가장 긴밀한 협력관계를 구축해나간 것은 사회참여, 즉 군사독재정권 이후의 민주화운동, 사회정의, 생명환경, 민족통일운동 등을 함께해나간 것이라고 아니할 수 없다. 물론 이 또한 가톨릭이 사회문제, 민족문제에 대한 적극적 참여, 즉 성속관계(聖俗關係)에 대한 신학적 성찰을 새롭게 가진 이후에 가능했던 것이라고 할 수 있다. 이 부분에 대해서는 다음 단락에서 부언할 예정이다. 그런데 반복하지만, 이러한 신구교 간의 협력, 특히 사회적 문제에 대한 공동대응의 프로테스탄트 쪽 파트너는 진보적 계열 극히 일부의 교회와 크리스천에 한정된다는 사실을 전제하지 않으면 안 된다.

한국가톨릭의 전면적 전환

국권 위기의 구한말, 식민지 통치를 받았던 일제강점기 한국가톨릭은 한국 근대사에서 그 존재감이 미미했다. 가톨릭은 한국 상황에서 '정교분리(政敎分離)'의 신학적 입장을 내걸었고, 특히 '성속구분(聖俗區分)'을 주장했다. 물론 더욱 중요한 배경은 당시 한국가톨릭의 지도적인 '오피니언 리더'가 모두 서구 출신 주교, 사제들이었고, 그들의 본국, 로마 교황청의 국제적 입장이 교회와 사회 관계의 입장 설정 기준이었다는 것은 두말할 필요도 없을 것이다.

앞서 언급한 바 있지만, 1962년부터 1965년 사이에 있었던 제2차 바티칸공의회의 영향은 교회 내 자각을 크게 불러일으켰다. 이때 단지 교회의 에큐메니즘뿐만이 아니라 사회문제에 대한 교회의 태도도 전면적으로 수정되는 기회가 된 것이다. 즉 현대사회의 여러 문제, 인권, 경제적 불평등, 차별, 전쟁, 환경과 생명의 문제에 이르기까지 공의(公義)의 문제에 적극적으로 주목하는 것이 신앙인의 길이라는 것을 새롭게 인식하게 하는 계기를 마련한 것이다. 그러나 어쩌면 이것은 세계 가톨릭교회의 전체적 흐름의 변화를 의미하는 단계에 지나지 않을 것이다. 이와 함께 한국가톨릭의 상황도 교회 안팎으로 큰 전환점을 맞이하였다. 우선 1962년을 기해 한국가톨릭은 '선교지(宣教地)'의 지위에서 독립된 교회, 독립된 교구로 자율권을 획득하게 되었다. 이는 한국인 사제, 주교를 중심으로 지역교회의 상황에 더욱 적절히 부응할 수 있는 독립성이 확보된 것이라고 이해할 수 있다. 다시 말하면 한국가톨릭의 자율적 진로가 형성되는 시대에 도달한 것이다.

그런데 바로 이 무렵 한국의 정치적·사회적 상황 역시 새로운 국면으로 접어들었다. 즉 1960년 4·19 혁명으로 이승만 독재정권이 붕괴했으나, 그 이후 민주화 과정을 공고히 수립해나가지 못하고, 1961년 5월 16일 군사 쿠데타에 의해 오랜 군부독재정권의 시대가 도래한 것이다. 박정희 군사정권은 이른바 삼선개헌(三選改憲)을 통해 독재정권을 연장한 것에 머문 것이 아니라, 1972년 10월 소위 '유신헌법'을 만들어 영구집권을 획책하였다. 이 과정에서 극심한 정치적·경제적·사회적인 인권탄압, 더욱이 수많은 약자들이 희생되는 사회적 부정의가 만연되었다. 정치적·사회적·경제적 억압으로 민중은 끝없는 좌절과 도탄, 극심한 고통의 시대를 살아가야 했다. 이러한 박정희 군사정권의 내부적 균열로, 곧 박정희의 심복이었던 당시 중앙정보부장 김재규의 총탄에 1979년 10월 26일 박정희가 살해됨으로, 새로운 민주화의 길을 열어갈 것으로도 기대했으나, 역사는 다시 더 깊은 수렁으로 빠져들었다. 이른바 '신군부(新軍部)'로 불리는, 전두환을 중심으로 한 군부세력이 다시 무력으로 정권을 찬탈하여 한층 더 억압적인 군사독재정치를 편 것이다. 이 과정에서 광주에서는 대대적인 민주화운동이 일어났고, 신군부 정권은 이를 무자비한 무력으로 진압하면서 수많은 민중이

피를 흘리고 목숨을 잃었다. 곧 1980년의 광주 5·18 민주화 운동의 역사이다. 그 이후에도 군사정권의 억압은 계속되었다. 결국 1961년 5·16 군사 쿠데타 이후 1987년 6·10대회를 통한 민주화 항쟁의 승리 이전까지 한국 현대사는 군사독재의 어둠 가운데 있었었다.

이러한 시대적 정황에서 드디어 한국가톨릭은 공의를 위한 선구적 발걸음을 시작하였다. 독재정권하에서 특별히 남다른 고통을 당하는 이들은 노동자, 농민 등 사회적·경제적 소외계급이다. 1960년대 한국가톨릭은 '가톨릭농민회'를 창설하였다. 이는 한국가톨릭 역사에서 사회적 문제에 대하여 가톨릭교회가 직접적으로 프로그램을 만들고, 고통 받고 소외된 이들과 함께한다는 가치를 실천하는 첫 조직적 활동이었다고 할 수 있다. 거의 동시대에 한국의 프로테스탄트는 도시 노동자들의 인권, 최소한의 권리보장운동을 추진해나갈 목표로 '도시산업선교회'를 조직한 바 있다. 이 두 조직은 이후 한국정치사회 안에서 민주화운동을 전개해나가는 중요한 파트너로 활동하게 되며, 신구교 협력의 구체적인 조직연대의 요긴한 기반조직이 되기도 하였다. 이어 한국가톨릭교회는 한국주교단의 결정으로 '정의와평화위원회'를 구성하였다. 그리고 뒤이어 현재도 가톨릭 사회참여의 보루인 '정의구현사제단'의 결성도 보았다.

더욱 구체적으로 한국가톨릭계에서 군부독재정권의 타도를 외치며 전면에 나선 인물로 지학순(池學淳) 주교를 우선 꼽지 않을 수 없다. 그는 가톨릭 원주교구장이던 1972년 정치적 부정과 독재정권의 부당성에 대해 정면으로 공박하였다. 그리고 소위 유신시대 이후 반인권적 긴급조치 상황하에서 여러 다른 민주화운동 세력, 특히 프로테스탄트의 진보진영과 함께 투쟁해나간 지학순 주교의 공적은 더 강조할 필요조차 없다. 그는 가톨릭 주교로서 투옥되어 극심한 고통을 당하면서도 자신의 의지를 꺾지 않았다. 바로 이 시기 앞서

한국가톨릭 민주화운동의 상징적 인물 지학순 주교.

언급한 대표적인 한국가톨릭의 사회운동 주체인 '정의구현 사제단'이 조직된 것이다. 여기에 속한 사제들이 지학순 주교와 가톨릭 신도로서 독재정권에 저항하는 이들을 적극 지원한 것이다.

그리고 1975년 3·1절 기념일에는 가톨릭 명동성당에서 각계각층의 민주화운동 인사들이 모여 일명 '3·1민주구국선언'을 발표하기에 이른다. 이는 한국 민주화운동의 중요한 전환적 시발점이 되며, 가톨릭 서울주교좌성당인 명동성당이 한국 민주화운동, 사회정의와 인권운동의 성지가 되는 계기가 되었다. 특히 성당이 지닌 종교적 권위와 세계적 양심세력들이 깊이 주목하는 성소(聖所)라는 점에서 어떤 정권도 함부로 유린할 수 없는 경계성을 확보하게 되었다는 의미도 있다.

그 이후로도 한국가톨릭은 민주화운동의 맨 앞에서, 특히 프로테스탄트 진보진영과 어깨를 나란히 하며 한국사회의 정의구현에 심혈을 쏟았다. 이는 박정희 정권 붕괴 이후 새롭게 등장한 신군부세력의 잔혹한 정권 치하에서도 계속되었고, 마침내 한국가톨릭은 서울대학생 박종철 군과 연세대학생 이한열 군의 죽음이 계기가 되어 전국적인 민중항쟁으로 전개된 1987년 6·10대회에서도 운동의 중요한 바탕이 되었다.

한국 민주화운동의 성지 가톨릭 명동성당.

이러한 한국가톨릭의 민주화운동, 사회정의운동의 현대사적 전통은 그동안 한국가톨릭 역사에서 형성된 일정 부분의 부정적 이미지를 완전히 일소하였다. 즉 민족이나 사회적 상황, 특히 반(反)인권적이며 약자가 소외되는 부당한 상황에서 분연히 일어서서 그것을 시정하고자 투쟁하는 가톨릭의 이미지를 새롭게 형성한 것이다. 이로써 한국가톨릭은 현재 한국의 여러 종교 중에 가장 정의롭고, 신뢰할 만하며, 올바른 가치를 수행해나가는 종교라는 인상을 한국인 전체에게 깊이 심어주었다. 이러한 발자취야말로 1970년대 이후 한국가톨릭의 비약적인 교세성장과 교회발전에도 긍정적 영향력을 미쳤다. 이는 한국가톨릭이야말로 종교가 사회참여, 사회정의운동에 힘씀으로써 그 선교의 성과도 증대시킬 수 있다는 대표적 사례로 손꼽을 수 있는 경우이다.

현재 한국가톨릭은 한국에서 가장 신뢰할 수 있는 종교로 각인되었고, 만약 새로운 종교를 가진다면 자신의 종교로 삼고 싶은 종교로서 수위의 위치를 지키고 있다. 이에 반해 일부 진보진영의 혁혁한 공헌에도 불구하고, 최근 들어 다수의 보수적 기독교가 지속적으로 이기적 공동체, 혹은 사회정의에 무관심한 비윤리적 공동체로 인식되어 선교적 비전마저 암울한 상황으로 전락한 한국프로테스탄트의 경우는 가톨릭의 현상과 크게 비교되지 않을 수 없는 결과라고 할 수 있다.

더구나 2014년 8월 프란치스코 교황의 한국 방문은 한국사회에서 가톨릭의 신뢰도를 더욱 높이는 계기가 되었다.

한국가톨릭의 역사

펴낸날 초판 1쇄 2017년 1월 10일

지은이 서정민
펴낸이 심만수
펴낸곳 (주)살림출판사
출판등록 1989년 11월 1일 제9-210호

주소 경기도 파주시 광인사길 30
전화 031-955-1350 팩스 031-624-1356
홈페이지 http://www.sallimbooks.com
이메일 book@sallimbooks.com

ISBN 978-89-522-3573-2 04080
978-89-522-0096-9 04080 (세트)

※ 값은 뒤표지에 있습니다.
※ 잘못 만들어진 책은 구입하신 서점에서 바꾸어 드립니다.

이 도서의 국립중앙도서관 출판시도서목록(CIP)은 서지정보유통지원시스템 홈페이지(http://seoji.nl.go.kr)와 국가자료공동목록시스템(http://www.nl.go.kr/kolisnet)에서 이용하실 수 있습니다.(CIP제어번호: CIP2016032535)

책임편집·교정교열 성한경·정한나

384 삼위일체론

eBook

유해무(고려신학대학교 교수)

기독교에서 믿는 하나님은 어떤 존재일까? 성부 하나님과 성자 예수, 그리고 성령이 계시며, 이분들이 한 하나님임을 이야기하는 삼위일체론은 기독교 교회가 믿고 고백하는 핵심 교리다. 신구약 성경에 이 교리가 어떻게 나타나 있으며, 초기 기독교 교회의 예배와 의식에서 어떻게 구현되었고, 2천 년 동안의 교회 역사를 통해 어떤 도전과 변화를 겪으며 정식화되었는지를 일목요연하게 정리했다.

315 달마와 그 제자들

eBook

우봉규(소설가)

동아시아 불교의 특징은 선(禪)이다. 그리고 선 전통의 터를 닦은 이가 달마와 그에서 이어지는 여섯 조사들이다. 이 책은 달마, 혜가, 승찬, 도신, 홍인, 혜능으로 이어지는 선승들의 이야기를 통해 선불교의 기본사상을 이해하도록 돕는다.

041 한국교회의 역사

eBook

서정민(연세대 신학과 교수)

국내 전체인구의 25%를 점하고 있는 기독교. 하지만 우리는 한국 기독교의 역사에 대해서 너무나 무지하다. 이 책은 한국에 기독교가 처음 소개되던 당시의 수용과 갈등의 역사, 일제의 점령과 3·1운동 그리고 6·25 전쟁 등 굵직굵직한 한국사에서의 기독교의 역할과 저항, 한국 기독교가 분열되고 성장해 왔던 과정 등을 소개한다.

067 현대 신학 이야기

eBook

박만(부산장신대 신학과 교수)

이 책은 현대 신학의 대표적인 학자들과 최근의 신학계의 흐름을 해설한다. 20세기 전반기의 대표적인 신학자인 칼 바르트와 폴 틸리히, 디트리히 본회퍼, 그리고 현대 신학의 중요한 흐름인 해방신학과 과정신학 및 생태계 신학 등이 지닌 의미와 한계가 무엇인지를 친절하게 소개하고 있다.

099 아브라함의 종교 유대교|기독교|이슬람교

eBook

공일주(요르단대 현대언어과 교수)

이 책은 유대교, 이슬람교, 기독교가 아브라함이라는 동일한 뿌리에서 갈라져 나왔다는 점에 주목한다. 저자는 이를 추적함으로써 각각의 종교를 그리고 그 종교에서 나온 정치적, 역사적 흐름을 설명한다. 이스라엘과 팔레스타인으로 대변되는 다툼의 중심에는 신이 아브라함에게 그 땅을 주겠다는 약속이 있음을 명쾌하게 밝히고 있다.

221 종교개혁 이야기

eBook

이성덕(배재대 복지신학과 교수)

종교개혁은 단지 교회사적인 사건이 아닌, 유럽의 종교 · 사회 · 정치적 지형도를 바꾸어 놓은 사건이다. 이 책은 16세기 극렬한 투쟁 속에서 생겨난 개신교와 로마 카톨릭 간의 분열을 그 당시 치열한 삶을 살았던 개혁가들의 투쟁을 통해 보여 주고 있다. 마르틴 루터, 츠빙글리, 칼빈으로 이어지는 종파적 대립과 종교전쟁의 역사들이 한 편의 소설처럼 펼쳐진다.

263 기독교의 교파

남병두(침례신학대학교 교수)

하나의 교회가 역사적으로 어떻게 다양한 교파로 발전해왔는지를 한눈에 보여주는 책. 교회의 시작과 이단의 출현, 신앙 논쟁과 이를 둘러싼 갈등 등이 파노라마처럼 펼쳐진다. 사도행전에 나타난 교회의 시작과 이단의 출현에서부터 초기 교회의 분열, 로마가톨릭과 동방정교회의 분열, 16세기 종교개혁을 지나 18세기의 감리교와 성결운동까지 두루 살펴본다.

386 금강경

곽철환(동국대 인도철학과 졸업)

『금강경』은 대한불교조계종이 근본 경전으로 삼는 소의경전(所依經典)이다. 『금강경』의 핵심은 지혜의 완성이다. 즉 마음에 각인된 고착 관념이 허물어져 어디에도 집착하지 않는 상태를 말한다. 이 책은 구마라집의 『금강반야바라밀경』을 저본으로 삼아 해설했으며, 기존 번역의 문제점까지 일일이 지적해 독자들의 이해를 돕고자 했다.

013 인도신화의 계보

eBook

류경희(서울대 강사)

살아 있는 신화의 보고인 인도 신들의 계보와 특성, 신화 속에 담긴 사상과 가치관, 인도인의 세계관을 쉽게 설명한 책. 우주와 인간의 관계에 대한 일원론적 이해, 우주와 인간 삶의 순환적 시간관, 사회와 우주의 유기적 질서체계를 유지하려는 경향과 생태주의적 삶의 태도 등이 소개된다.

309 인도 불교사 붓다에서 암베드카르까지

eBook

김미숙(동국대 강사)

가우타마 붓다와 그로부터 시작된 인도 불교의 역사를 흥미롭고도 일목요연하게 정리한 책. 붓다가 출가해서, 그를 따르는 무리들이 생겨나고, 붓다가 생애를 마친 후 그 말씀을 보존하기 위해 경전을 만든 등의 이야기들이 한눈에 들어온다. 또한 최근 인도에서 다시 불고 있는 불교의 바람에 대해 소개한다.

281 예수가 상상한 그리스도

김호경(서울장신대학교 교수)

예수가 그리스도라는 것은 어떤 의미인가? 이 책은 신앙적 고백과 백과사전적 지식 사이에서 현재 예수 그리스도가 가진 의미를 묻고 있다. 저자는 이러한 문제의식을 바탕으로 예수가 보여준 질서와 가치가 우리와 얼마나 다른지, 그를 따르는 것이 왜 우리에게 익숙하지 않은 일인지를 보여주고 있다.

346 왜 그 음식은 먹지 않을까

eBook

정한진(창원전문대 식품조리과 교수)

세계에는 수많은 금기음식들이 있다. 유대인과 이슬람교도들은 돼지고기를 먹지 않고, 힌두교도의 대부분은 소고기를 먹지 않는다. 개고기 식용에 관해서도 말들이 많다. 그들은 왜 그 음식들을 먹지 않는 것일까? 음식 금기 현상에 접근하는 다양한 방식을 통해 그 유래와 문화적 배경을 살펴보자.

eBook 표시가 되어있는 도서는 전자책으로 구매가 가능합니다.

011 위대한 어머니 여신 | 장영란 eBook
012 변신이야기 | 김선자
013 인도신화의 계보 | 류경희 eBook
014 축제인류학 | 류정아 eBook
029 성스러움과 폭력 | 류성민 eBook
030 성상 파괴주의와 성상 옹호주의 | 진형준 eBook
031 UFO학 | 성시정 eBook
040 M. 엘리아데 | 정진홍 eBook
041 한국교회의 역사 | 서정민 eBook
042 야웨와 바알 | 김남일 eBook
066 수도원의 역사 | 최형걸 eBook
067 현대 신학 이야기 | 박만 eBook
068 요가 | 류경희 eBook
099 아브라함의 종교 | 공일주 eBook
141 말리노프스키의 문화인류학 | 김용환
218 고대 근동의 신화와 종교 | 강성열 eBook
219 신비주의 | 금인숙 eBook
221 종교개혁 이야기 | 이성덕 eBook
257 불교의 선악론 | 안옥선
263 기독교의 교파 | 남병두
264 플로티노스 | 조규홍
265 아우구스티누스 | 박경숙
266 안셀무스 | 김영철
267 중국 종교의 역사 | 박종우
268 인도의 신화와 종교 | 정광흠
280 모건의 가족 인류학 | 김용환
281 예수가 상상한 그리스도 | 김호경
309 인도 불교사 | 김미숙 eBook
310 아힌사 | 이정호
311 인도의 경전들 | 이재숙 eBook
315 달마와 그 제자들 | 우봉규 eBook
316 화두와 좌선 | 김호귀 eBook
327 원효 | 김원명
346 왜 그 음식은 먹지 않을까 | 정한진
377 바울 | 김호경 eBook
383 페르시아의 종교 | 유흥태
384 삼위일체론 | 유해무 eBook
386 금강경 | 곽철환
452 경허와 그 제자들 | 우봉규 eBook

(주)살림출판사
www.sallimbooks.com
주소 경기도 파주시 문발동 522-1 | 전화 031-955-1350 | 팩스 031-955-1355